como falar de DEUS HOJE?

Antimanual de evangelização

Título original: *Comment parler de Dieu aujourd'hui? Anti-manuel d'évangélisation*

Editor
Edson Manoel de Oliveira Filho

Produção editorial
É Realizações Editora

Projeto gráfico
André Cavalcante Gimenez

Capa
Daniel Justi

Preparação de texto
Silvana de Gouveia Antonio

Revisão
Juliana Amato

CIP-BRASIL. CATALOGAÇÃO NA PUBLICAÇÃO
SINDICATO NACIONAL DOS EDITORES DE LIVROS, RJ

H147c

Hadjadj, Fabrice, 1971-
Como falar de Deus hoje : antimanual de evangelização / Fabrice Hadjadj ; tradução Pedro Sette-Câmara. – 1. ed. – São Paulo : É Realizações, 2024.
176 p. ; 19 cm.

Tradução de: Comment parler de Dieu aujourd'hui?
ISBN 978-85-8033-415-9

1. Espiritualidade. 2. Deus. 3. Literatura devocional. 4. Vida cristã. 5. Conduta. I. Sette-Câmara, Pedro. II. Título.

24-88540 CDD: 248.4
CDU: 27-584

Gabriela Faray Ferreira Lopes – Bibliotecária – CRB-7/6643
27/02/2024 04/03/2024

É Realizações Editora, Livraria e Distribuidora Ltda.
Rua França Pinto, 498 · São Paulo SP · CEP 04016-002
Telefone: (5511) 5572 5363 · atendimento@erealizacoes.com.br
www.erealizacoes.com.br

Este livro foi impresso pela Visão Gráfica, em abril de 2024. Os tipos são da família Pensum Pro. O papel do miolo é Lux Cream LD 70 g., e o da capa, Ningbo C2S 250 g.

FABRICE HADJADJ

como falar de DEUS HOJE?

Antimanual de evangelização

Tradução de
Pedro Sette-Câmara

É Realizações
Editora

Sumário

Não é humano, Protarco, o medo que sempre revelo, com respeito aos nomes dos Deuses; excede a toda espécie de temor.[1]

Platão, *Filebo*, 12c

"Como o vosso nome, ó Deus, assim vosso louvor chega até os confins do mundo."

(Salmo 47,11)

[1] Tradução de Carlos Alberto Nunes. (N.T.)

A Stanislas Rylko, cardeal, que
traz o vermelho sobre a cabeça.

À Christel e Philippe Rousseaux, clowns,
que trazem o vermelho no nariz.

A todos aqueles, enfim, que, como eu, têm de falar do
inefável, que trazem o vermelho nas bochechas.

ADVERTÊNCIA

O texto que será lido retoma uma palestra feita em 26 de novembro de 2011, a convite de sua eminência, cardeal Stanislas Rylko, durante a Assembleia Plenária do Conselho Pontifical para os Leigos. Essa palestra foi feita oralmente, a partir de notas, e em seguida transcrita graças aos cuidados da Srta. Thérèse-Marie Dessaivre, secretária do Conselho. A transcrição, como se pode imaginar nesse contexto, foi de uma fidelidade absoluta, isto é, absolutamente inadequada. Sua literalidade era afônica: ali havia tudo, menos eu.

Ao relê-la, de fato, tive de admitir que aquilo que, no ar, voava, não pegava no papel. É que o ar, por inconsistente que seja, ainda assim transmite o timbre e o tom do orador, deixa ver o gesto com o qual o orador o acompanha, e circula entre as pessoas fisicamente presentes, uma inspirando aquilo que a outra expira. Como compensar a falta dessa proximidade viva? Como dar ao papel a transparência aérea que rosto e voz atravessam? Para que o escrito recuperasse algo da fala, precisei verter no estilo aquilo que era transmitido pelo sopro, ampliar com várias frases aquilo que uma mera inflexão deixava entender, explicitar para um público amplo aquilo que era evidente para uma assembleia seleta, e que enxergava meu rosto perfeitamente. Mesmo assim, quis preservar os cumprimentos ao cardeal e aos ouvintes do momento, assim como certa feição oratória: como minha fala recordava, entre outros, que toda verdadeira palavra é circunstancial, teria sido inconveniente apagar as primeiras circunstâncias dela.

Isso me levou a produzir esse filho manco, bastardo, meio oral, meio escrito: inapresentável como conferência (certamente ela duraria seis horas, mas não estamos mais no tempo dos tribunos da III República, nem no governo de Fidel Castro), desajeitado como livro (que desde a origem não se dirige a um leitorado, mas a algumas pessoas convidadas, junto comigo, a um local perto do Vaticano — o qual, creio, ainda se chama Roma). Antimanual, portanto, sem que esse subtítulo lhe conceda qualquer tipo de superioridade. Pregação que peca, sem que esse defeito lhe traga qualquer distinção. Por isso, peço logo no começo perdão ao leitor, e também peço desculpas porque, com esta advertência, lanço contra mim mesmo a primeira pedra, em vez de depô-la.

De todo modo, seria possível que a bastardia de minha obra contribuísse para seu valor. Não apenas por seus dizeres terem passado pela prova de fogo, já tendo sido testados em públicos, e corrigidos segundo os "retornos" já recebidos. Trata-se sobretudo de que, em relação ao tema que lhes incumbe ("falar de Deus"), sustentam que é impossível para nós ter uma eloquência perfeita, pura, fluida, e que o apóstolo que balbucia como um ébrio (1 Samuel 1,13 e Atos 2,13) vale mais do que aquele que fala "como um livro". Assim, o caráter coxo da forma adota o coxeio do fundo. O pequeno idiota da família pode nos voltar para verdades mais altas do que a do sucesso.

Certeiro (ou incerto?)

1. Sem dúvida, Eminência, domino meu assunto perfeitamente, que nem é um assunto tão vasto assim. Aliás, conheço Deus muito bem (comemos juntos domingo passado), e vou explicar a vocês sem dificuldade como falar Dele hoje. Eis, enfim, a evangelização sem o menor esforço! A missão faca na manteiga! O método intuitivo da profecia! Vocês voltarão para casa com uma receita maravilhosa, uma espécie de técnica cristã de vendas ou de marketing apostólico. Vocês serão os publicitários do invisível e cativarão a plateia mais do que a Copa do Mundo, do que uma eleição presidencial, ou do que uma série americana.

É preciso dizer que nosso "Cliente" é muito humilde (digo "Cliente" por profissionalismo). Nosso "Cliente" esconde-se, vocês sabem, Ele chega até a querer que rezemos para Ele *em segredo*, e chega a afirmar que não basta se contentar em gritar *Senhor, Senhor* nas praças públicas, o que torna a tarefa extremamente incômoda para seus promotores. Pior ainda: trabalhamos para acertar o alvo, e Ele não se incomoda em deixar colocá-Lo na cruz. Enfim! Ele é muito antiquado. Não me surpreendo por que seus discípulos acabaram abandonando-O na hora suprema.

Será que Ele ignorava os métodos atuais de gestão? Será que desprezava os recursos humanos e a gerência? O coitado ficou desmiolado com *pilpul* dos rabinos. Suas leituras não eram práticas nem positivas como as nossas. Ele não podia consultar *Como obter aquilo que você quer*, de David J. Liebermann, ou *Como fazer amigos e influenciar pessoas*, de Dale Carnegie.

Porém, estou aqui para remediar as fraquezas de seu Evangelho e de seus apóstolos. Vou ensiná-los como torná-Lo "atraente", "amigável", "cidadão", "ecologicamente sustentável" — enfim, "irresistível", para usar um adjetivo comum aos calvinistas e aos vendedores de lingerie. Eu me formei lendo o Livro de Jó. A questão seria fabricar um *iGod*, assim como existe um *iPad*, e esmagar os concorrentes das outras religiões, assim como a maçã esmaga a amora, isto é, como a *Apple* esmaga a *Blackberry*. Desse modo, aproximem-se, senhoras e senhores, pastores e ovelhas, sou o consultor de engenharia da Revelação, o saltimbanco do absoluto, aquele que soube submeter o *Ouve, Israel* a uma auditoria; eu ensinarei como transformar seus artigos de fé em irresistíveis artigos de feira!

2. Infelizmente, como vocês perceberam, Eminência, caros irmãos, caras irmãs, se eu tiver sucesso na tarefa de ensinar em dez lições "como falar de Deus hoje", isso seria uma catástrofe. No mesmo momento em que eu lançar "Deus" de uma maneira na qual Ele fique completamente tutelado por um gabinete de especialistas, apoiado por uma agência de publicidade, Ele se tornaria

talvez o brinquedo de Jó, não o Deus de Jó. Assim, não, Eminência, e aqueles da sua equipe que me pediram para refletir sobre essa questão, preciso confessar, para minha vergonha, que não domino absolutamente meu tema... nem sequer chego a entendê-lo... Antes, é Ele que me domina e que me compreende.

O papa São Gregório Magno — que chamamos de "magno" mas que se sentia pequeno e "servo dos servos" — dizia precisamente em seus *Comentários sobre Jó*: "É à nossa maneira, balbuciando, que enunciamos as alturas divinas".[1] O grande Gregório reconhecia-se deveras minúsculo debaixo das alturas divinas: ainda que Santo Padre por causa de Deus, diante de Deus ele é como uma criança, como um bebê que balbucia. E eu, então? Nem chego a gaguejar! Nem titubear consigo! Só me resta padecer minha impostura.

A bem da verdade, se posso fazer alguma coisa, seria colocá-los um pouco mais em dificuldades. Sim, o que poderíamos fazer de melhor, nessa conferência, seria aprender a balbuciar, cair na alta infância, falar não como rivais dos grandes oradores, mas como filhos aturdidos do mistério.

3. Ao visar o balbucio, eu não gostaria de parecer ambicioso demais. Penso, Eminência, nas suas primeiras palavras. Na sua introdução a esta assembleia plenária, o senhor explicou sua escolha da imagem que vemos há alguns dias

---

[1] São Gregório Magno, *Moralia in Job*, partes 5, 36.

nas portas e nos corredores da *Villa Aurelia*, e também em nossos livros de oração. O que ela representa? "Moisés que tira as sandálias diante da sarça ardente". O senhor então nos pediu que vivêssemos, durante nosso colóquio, algo do estupor de Moisés no momento daquela teofania.

Na passagem do Êxodo que a relata, Moisés recebe de maneira inseparável a Revelação do Nome divino e a Revelação de sua missão entre os homens. Essa passagem está na origem daquela do Mar Vermelho, da Páscoa dos hebreus. Antes do mar que atravessamos com os pés secos, há a sarça que arde sem se consumir. E, nessa sarça, uma voz que ordena a Moisés que tire as sandálias. Ora, as frases que se seguem a essa ordem não dizem que ele tira as sandálias. Dizem apenas que ele *escondeu o rosto*. Moisés entendeu que foi Deus que o mandou ficar descalço, não uma faxineira meticulosa, e escondeu o rosto para não ser morto por aquela vida forte demais. Eis o efeito físico de seu estupor moral. O homem estava ainda há pouco de pés calçados e rosto nu; depois ficou com o rosto escondido e os pés nus.

Essa inversão é cômica. Suponha que, levando ao pé da letra o pedido do cardeal Rylko, nós todos escondêssemos o rosto e mostrássemos os dedos dos pés. Seria bem engraçado. Sobretudo para uma Assembleia Plenária do Conselho Pontifício para os Leigos. Alguns pensarão talvez que faltaríamos à seriedade exigida pela circunstância. Sua Eminência, no entanto, sugeriu que essa seria, pelo contrário, a garantia da verdadeira seriedade.

Essa postura *clownesca* teria a vantagem de nos poupar da impostura de um domínio altaneiro de nosso tema, e exprimiria muito bem a embaraçosa situação na qual forçosamente nos encontramos.

Se adotarmos essa atitude mosaica — pés nus e rosto escondido —, não há dúvida de que o mais engraçado seria se nesse momento entrasse neste auditório um desses sabichões que acham que o Vaticano é o local de um grande complô internacional de personagens seguros de seus poderes e obcecados por seus planos. Ele ficaria muito surpreso ao nos pegar assim descompostos. E, quando ele descobrisse que aquilo que buscamos acolher aqui é o estupor de um velho pastor judeu, e não alguma técnica de propaganda, ele se sentiria completamente estúpido. O que com certeza seria, tanto para ele quanto para nós, um fulgurante progresso no caminho da sabedoria...

Introdução

A QUESTÃO QUESTIONADA

Por que "Como"?

4. De todo modo, ainda preciso tratar um pouco mais formalmente da questão que me fora apresentada. Antes de respondê-la, isso supondo-se que ela possa ser respondida, eu mesmo gostaria de questioná-la, não com a finalidade de me livrar dela — mas para intensificar seu questionamento. O que chama atenção, desde o começo, em sua formulação? Ela contém diversos pressupostos discutíveis. Identifico pelo menos três.

O primeiro é que se coloque a questão "Como" e não "Por que", e também não "O que é" falar de Deus (ou então "O que é Deus?", ou ainda mais simplesmente, "O que é falar?"). É como se as questões do *quê* e do *porquê* já estivessem resolvidas. Já saberíamos de antemão exatamente do que se trata e por que se deve fazê-lo, e agora restaria apenas investigar *como* fazê-lo, isto é, perguntar-se sobre os *meios*.

A questão do como não é de se menosprezar. Aliás, é a questão "prezável" e possuível por excelência aquela que busca dar preço e estabelecer a posse. Ela nos orienta diretamente para a prática, ao passo que o quê e o porquê têm o terrível inconveniente de nos deixar no nível da teoria: quero saber o que é isso, por que é; quero, portanto, saber isso, não viver isso, não passo à ação. O como nos obriga a descer das nuvens especulativas e abstratas para nos reportar sem rodeios ao concreto de nossa existência.

5. Entretanto, não podemos ignorar, a ciência moderna é marcada pela tendência geral a negligenciar o quê e o porquê em prol do como. Ela não pergunta mais "por que é assim", ela quer apreender "como isso funciona" a fim de ter um domínio maior sobre o mundo. Nada mais útil, sem a menor dúvida, mas justamente isso restringe nosso olhar a uma visão utilitária; uma visão que se pode chamar de "funcional" ou "técnica". Sua interrogação fundamental não é mais a das velhas fantasias metafísicas: qual a causa dos seres? Ela enuncia a si própria em termos pragmáticos, cujo caráter concreto e construtivo salta imediatamente aos olhos: onde está o controle remoto?

Colocar o como antes do porquê faz que sucumbamos pouco a pouco a esse fascínio do controle remoto. O que chega a acontecer dentro da própria Igreja. Muitos imaginam que o ponto decisivo da "nova evangelização" (aquilo que a tornaria verdadeiramente "nova") consiste em adotar "novidades", em melhorar nossos métodos de comunicação, em dominar melhor as tecnologias mais recentes.

O Evangelho por si não funciona suficientemente bem: é preciso o Evangelho *mais* multimídia, a Face de Deus *mais* o Facebook, o Espírito Santo *mais* o Twitter... A Boa Nova aguardava o noticiário.

Nossos dias correm nesses trilhos. Multiplicamos os meios, porém, como não sabemos mais a finalidade disso tudo, esses meios se tornam fins. Eles não param de se aperfeiçoar e de aumentar nosso "poder", e na verdade só servem para nos distrair da perda de todo sentido. A hagiografia de Steve Jobs e a glória da maçã mordida vão nessa direção insana: a partir do momento em que só nos comunicamos a respeito da comunicação, não sabemos mais o que é importante comunicar. É preciso que as pessoas se comuniquem entre si, eis o imperativo, e que o meio de comunicação seja cada vez mais fluido e atraente. Ele se torna tão atraente que acaba por ficar no caminho da própria comunicação, e sua fluidez de água faz que nada recolhamos de sólido. O controle remoto está na mão, o programa não faz diferença, você pode escolher os canais. A multimídia é a coisa em si: pouco importa se ela é o meio de algo que vale a pena, desde que seja "multi", "*cool*", "*fun*", "*hype*"... Ela se esvazia de todo conteúdo, e esse vazio não parece mais causa de angústia, sendo ocasião de diversão: o meio sem fim fica cada vez mais lúdico. Assim, quando você passa perto de um homem não o enxerga mais, de tão cativado que está pela tela que tem na palma da mão. De resto, os avatares digitais desse homem não são muito mais "*fun*", "*cool*", "multi", do que o homem mesmo, preso à caixa torácica (da qual nem se pode fazer o *download*)? E, além disso, o que você poderia falar? A conversa é perigosa. Ela traz o risco de que, mudando e mudando de assunto, você acabe se lembrando de que logo vai morrer. Seria só olhar o rosto desse sujeito e você teria de enfrentar as asperezas da vida. Assim, o melhor é se afastar para poder se conectar com ele num *fórum*, falar por *chat*, compartilhar vídeos nos *murais*, isto é, garantir que as engenhocas da sua comunicação dissimulem o vazio daquilo que ela comunica. Embriaguez de garrafa vazia.[1]

Começar pela questão do como nos prende na recusa do quê e do porquê. Procuramos saber como falar de Deus nesse século *hi-tech*, mas, desde o começo, o século venceu, foi ele que nos converteu imperceptivelmente.

Falar a quem?

6. A formulação de nossa pergunta suscita uma segunda questão, não menos séria. Perguntam-nos "como falar de Deus?". Ora, falar não é apenas falar *de* alguém ou *de* alguma coisa, mas também sempre falar *a* alguém. Nossa pergunta parece não se preocupar com isso. Ela não indica *a quem* falar (de Deus). Ela sugere uma palavra sem interlocutor particular, sem destinatário pessoal. Ela dá a entender que

[1] Encontramos esse fenômeno especialmente no Ministério da Educação. A pedagogia é desenvolvida o tempo todo, isto é, os meios de ensinar, mas não sabemos mais o que se deve ensinar, nem por que se ensina. Daí a perda de motivação dos alunos e da autoridade dos professores.

a qualidade da pessoa a quem nos dirigimos é indiferente (a qualidade, não a quantidade, pois supomos que, se o valor não faz muita diferença, mesmo assim é preciso atingir o maior número de pessoas).

No entanto, é evidente que não se fala do mesmo jeito sobre Deus a um marxista e a um salafista; a um adulto e a uma criança; a Ornella e a Robert. Falar a um ou a outro da mesma maneira seria desfalar — passar do equívoco ao mal-entendido. O destinatário é uma dimensão essencial da palavra. Quando ela não tem destinatário, aquele que fala não é mais do que um papagaio, e aquele que ouve não é mais do que um espantalho (porém, eu poderia ter falado de uma televisão e de um espectador, modelo da comunicação sem destinatário específico). O primeiro sente alívio, ainda mais por não ter feito um ato de palavra; o segundo ouviu o que queria ouvir, ainda mais porque não fez ato de escuta. O discurso torna-se recitação mecânica ou performance oratória. Seu modo de falar tenta compensar a ausência de habilidade (quero dizer que sua brilhante sofística tenta mascarar a conversa recusada). Em vez de permitir a formação do diálogo, ele se entrega às formas da retórica ou ao formato da ideologia.

Quando quero falar *de* alguma coisa, assim como falo sempre *a* alguém, preciso me deixar afetar pela situação do meu interlocutor. Aquilo que quero dizer é assim modificado, se não na substância, ao menos na apresentação. Se não me permito afetar pelo outro e por sua escuta, não é apenas sua alteridade que desprezo, mas também minha própria palavra. Antes de qualquer falta contra a moral, trata-se de uma falta contra a própria linguagem. Aspiro a uma elocução sem interlocutor. Ah! Minhas frases estarão repletas de "amor ao próximo", nunca cuspirei em ninguém, mas vou ficar falando sozinho. Sem destinatário e, portanto, sem escuta prévia, sem atenção à pessoa *a quem* falo, por mais que eu articule coisas verídicas, não falo com ninguém, ou, para dizer de maneira mais clara: não falo.[2]

7. Querer falar de Deus sem considerar *com quem* se fala é não falar verdadeiramente, mas inchar-se de arrogância e lisonjear sua consciência, que murmura: "Ai de ti se não evangelizares...". A evangelização, portanto, se parece com o maravilhoso trabalho de um rolo compressor.

Por isso é preciso colocar urgentemente a questão do destinatário (*a quem* falar de Deus?). É preciso até se perguntar se não é a nós mesmos que convém falar antes de tudo. Espontaneamente, ao ouvir a pergunta "Como falar de Deus hoje?", supomos que se trata de falar Dele *aos outros*, como se essa pergunta não se colocasse por si mesma.

---

[2] Esse é um dos problemas do livro, particularmente deste que você tem nas mãos. Ele convida a um balcão, pretende dirigir-se a todos e não se dirige a ninguém em particular. Como ele se repete quando é questionado, e não seria capaz de corrigir os erros de seu leitor, cada um o entende no sentido que lhe convém e pratica com ele seus dons de ventríloquo. Sua destruição física poderia ser menos traidora do que sua venda. Segundo o trocadilho de Jacques Lacan, a publicação, no mais das vezes, não passa de uma "*poubellication*". [Em francês, *poubelle* significa "lata de lixo"; "*poubellication*", portanto, indica "jogar na lata de lixo". (N.T.)]

Prejulgamos implicitamente, por sermos cristãos, que o problema se encontra apenas na relação com o não cristão. Porém, cair nesse pré-juízo seria nos tornarmos menos do que um não cristão. Seria imaginar que podemos falar de Deus sem termos de sempre ouvir Sua Palavra. Assim nos tornaríamos o "pregador vão e superficial da palavra de Deus, por não a ouvir de dentro".[3]

A circunstância de tempo

8. Nossa questão contém um terceiro pressuposto contestável, dissimulado na palavra "hoje". Talvez essa circunstância de tempo queira nos voltar para algo além de uma circunstância — para o incondicional: só existe palavra de Deus no hoje, pois essa palavra só é ouvida se é entendida como a única narração de acontecimentos passados e nos prende aqui e agora. Creio mesmo assim que a palavra "hoje", em nossa formulação, subentende sobretudo que "hoje em dia" encontramos uma dificuldade especial, que chamaria a uma "nova" evangelização. Como ela se caracteriza? Por meio de uma injunção terrível: falar de Cristo a povos descristianizados.

Nascemos muito tarde num mundo muito velho. O frescor da pregação apostólica está longe no passado. Ela teve o tempo de se fazer e de se desfazer. Assim, podemos

---

[3] Santo Agostinho, *Sermo* 179,1, citado no Concílio Vaticano II, Constituição Dogmática *Dei Verbum*, § 25.

começar a lamentar: "Ah, se ao menos tivéssemos sido mandados aos selvagens!". Em vez disso, somos mandados aos europeus, a batizados que esqueceram o batismo, e esse esquecimento das águas batismais é muito mais difícil de superar do que a presença das águas ferventes nas quais o selvagem, na sua inocência, gostaria de simplesmente nos cozinhar. Um canibal é ingênuo: ele comerá alguns missionários e, depois, após ter verificado que eles não eram tão bons de comer quanto de ouvir, escutará sua pregação. Com um descristianizado, o caso é muito mais difícil: ele acredita já saber quem é Cristo, e por isso não ouve mais. É a pior das ignorâncias! Não a do primitivo, que sabe que ignora, e já roça a sabedoria mais fecunda, que é a da escuta, mas a do semi-sabedor, que julga saber quando não sabe e, portanto, ignora que ignora.

É essa a dificuldade especial de hoje. A nova terra de missão superpõe-se à nossa velha terra de demissão. Ela não nos ameaça com a grelha nem com a água fervente. Ela nos manda embora como vendedores mais nebulosos do que os representantes de Tupperware: "Já conhecemos bem o seu produto, ele não é nada prático. Já temos uns dois ou três guardados aqui".

9. No entanto, há quem seja mais surdo que o descristianizado. É o próprio cristão. Refiro-me àquele que se adorna com esse nome, que acredita ser crente em Deus, e se sente suficientemente humilde. Esse cristão, de nome e não de alma, imaginará precisamente que houve um tempo no qual era mais fácil falar de Deus. Ele se pergunta com

amargor: "Esse horrível mundo pós-moderno ainda consegue ouvir o Evangelho?". Ele chora pelo cristianismo de outrora, em que tudo era fácil, em que se falava de Deus como se fala da chuva e do bom tempo, da Redenção como se fala de uma receita de frango na panela. Porém, creio que esse cristianismo é bem diferente do Cristo Crucificado. Assim, ouso dizer: falar do Cristo Crucificado com a mesma facilidade que de frango na panela, e até mesmo ter a nostalgia dessa suposta facilidade de antigamente, seria uma dificuldade terrível, muito mais insuperável do que o semissaber do descristianizado.

No fim das contas, podemos nos perguntar se hoje, num mundo "des-cristão" ou "in-cristão", como dizia Péguy, não é mais fácil falar de Deus na medida em que não se pode mais falar Dele como de uma receita ou de uma amenidade qualquer. É preciso de todo modo admitir que a Palavra divina não é mais inaudível hoje do que na época de Nero ou mesmo de Jesus: "Esse modo de falar é duro demais. Quem pode continuar ouvindo isso?" (João 6,60). Era assim que o Verbo em pessoa era recebido. E aqueles que reagiam dessa maneira não eram piores do que aqueles que achavam Sua palavra tão doce, tão fácil, tão agradável, que queriam apropriar-se Dele para torná-Lo rei, tanto que Ele "se retirou sozinho, de novo, para a montanha" (João 6,15).

A dificuldade — ou a discrepância — está em todos os tempos. Hoje, ontem e amanhã. Santo Agostinho afirma isso no primeiro livro de suas *Confissões*: "O que pode dizer aquele que fala de Vós? E, no entanto, ai dos que se calam a

Vosso respeito, pois ao falar são mudos".[4] Toda a nossa reflexão só pode situar-se no interior dessa dupla afirmação: não podemos falar do Deus inefável e, ao mesmo tempo, não podemos não falar d'Ele.[5]

---

[4] Santo Agostinho, *Confissões* (I, 4).

[5] Aqui retomo a bela fórmula de Charles Journet no começo de seu breve livro *Connaissance et Inconnaissance de Dieu.*

I
Falar do Inefável

A PALAVRA "DEUS"

10. Existe uma coisa curiosa, ainda mais para quem é ateu: a presença da palavra "Deus" em nossa língua. Sempre que eu afirmar a inexistência de Deus, serei obrigado a afirmar, simultaneamente, a existência obstinada desse significante. Estranho significante, aliás, por sua mesma maneira de significar. Não digo "Deus" do mesmo modo que digo "árvore". Posso apontar uma árvore com o dedo. Posso delimitar a ideia de vivente vegetal. Nesse caso, o referente e o significado não são tão obscuros para mim. Com "Deus" é diferente: é algo que parece música.

A música tem um significado, mas não sabemos qual. Ela nos transporta, mas não sabemos para onde. Ela remete a alguma maravilha inapreensível, opera uma revelação incessante, nunca concluída, e que até se interrompe subitamente: a cortina ergue-se revelando novos véus, a elevação acaba por nos largar, não menos pesados, em nosso assento. A transcendência vislumbrada desaba como um suflê. O mesmo acontece com toda coisa bela. É com um obscuro relâmpago que ela nos fulmina. Ela fala ao nosso coração, mas não entendemos, e essa incompreensão pode nos fazer mal na mesma alegria que ela nos traz.

Ora, assim como nos explicarão que o belo tem a ver com uma "tendência sexual inibida quanto ao fim", ou que o prazer da música não passa de uma massagem cerebral, poderemos dizer que, por trás da palavra "Deus", e de sua presença em nossa língua, existe algo material, e muito explicável.

11. Devo confessar: antes de minha conversão, eu detestava essa palavra. Tinha a impressão de que quando alguém dizia "Deus" encerrava a conversa. Um curinga tinha sido introduzido fraudulentamente no baralho. Era um *abracadabra*, uma fórmula mágica, direi até uma "solução final", com tudo o que essa expressão pode ter de assustador. Uma solução final no interior da discussão, subitamente sufocada por essa palavra densa e enorme.

Minha conversão foi antes de tudo uma conversão de vocabulário. Na época do meu ateísmo, de fato eu era obrigado a confessar um mistério da existência. Mesmo assim, achava que a palavra "Deus" não tinha nada a ver com esse mistério, que ela era, aliás, um modo de fugir dele. Eu pretendia explicar sua presença no léxico por meio dessa tentativa de fuga: negação da morte, vontade de poder, fuga para o além, sublimação neurótica do "papai, mamãe, socorro!". Hoje, o que aconteceu? Fui corrigido desse contrassenso. Essa palavra não soa mais aos meus ouvidos como um tapa-buracos, mas como um abridor de abismos. Sem dúvida alguns usam-na como tapa-buracos (crentes ou não, aliás). Eles nem sequer a ouvem. Não percebem sua música, por assim dizer, porque o significante "Deus" não descende de um desejo de solução final: ele provém do reconhecimento de uma lacuna irredimível. Ele não surge como resposta, mas como chamado. Ele designa a evidência daquilo que me escapa, a exigência daquilo que me ultrapassa.

Recordo com frequência aos seminaristas: "Quando vocês estiverem em missão de evangelização e alguém disser: 'Não acredito em Deus', prestem atenção, não pulem no pescoço dele dizendo: 'Mas você tem de acreditar em Deus!', porque, se isso acontecer, vocês também não acreditam no Deus de que esse alguém está falando! Perguntem primeiro o que ele quer dizer com essa frase. E perguntem a si mesmos se vocês entendem a sua vertigem".

12. Quando a ouvimos bem, essas palavras nos deixam boquiabertos. É a palavra que diz que não temos a última palavra. É o Nome que não é fechamento do diálogo, mas hospitalidade àquilo que nos altera, àquilo que nos abre, àquilo que nos surpreende, e que nos dispõe a todo encontro. O Nome de Deus não poderia nos tornar suficientes e soberbos, ele reclama nossa humildade diante Dele, simplesmente entregue a nossas falas. Aquele que o impõe como uma bordoada não é apenas maçante; mas também o próprio e completamente leviano.

O terceiro mandamento sugere isso. Espontaneamente, imaginamos que o verdadeiro crente, o grande devoto, é aquele que coloca a palavra "Deus" em tudo o que diz. No entanto, eis que Deus ordena a seu fiel: "Não pronuncie em vão o nome de Javé, seu Deus, porque Javé não deixará sem castigo aquele que pronunciar o nome dele em vão" (Êxodo 20,7). O fiel está, portanto, obrigado a tomar cuidado com o que diz. Segundo essa terceira palavra, o pecado mortal, até mesmo irredimível ("o Senhor não deixa impune"), não parece tanto uma ameaça para aquele que não fala de "Deus" quanto para aquele que fala — a torto e a direito.

Mesmo assim, o que significa "pronunciar o nome de Javé, teu Deus, em vão", ou, como diz literalmente o hebraico, "levar o Nome de YHVH, teu Elohim, para nada"? Não será uma advertência relativa ao uso do tetragrama, como se se tratasse de uma substância explosiva? O verbo hebraico não fala apenas de "pronunciar", mas também de "levar". O Nome é *levado*, assim como se "leva o peso do povo" (Números 11,17), como o culpado "carrega o peso da sua falta" (Levítico 5,17), como o servo sofredor "carrega os pecados de muitos homens" (Isaías 53,12), como a mãe "carrega a criança" (Números 11,12). Não é uma ação só dos lábios, mas também de todo ser físico e moral. Quanto à locução adverbial "em vão" ou "para nada", seu termo é encontrado num versículo de Salmo que aparece duas vezes: "o auxílio humano é inútil" (Salmos 59,13; 107,13). Esse "nada" tenta, portanto, passar por alguma coisa. Esse "inútil" não confessa seu vazio, mas se incha de vaidade. Assim, o mesmo termo pode ser traduzido pelo vocabulário do simulacro:

"Não leva o Nome de maneira ilusória". Não são os ateus os primeiros a denunciarem a utilização de "Deus" como uma ilusão. É a própria Palavra de Deus.

Na boca do fundamentalista assim como na do ateu

13. Levar o Nome em vão sem dúvida equivale, antes de tudo, a afogá-lo na vaidade do mundo. Trata-se do risco da banalização do nome de Deus, a qual seria antes de tudo fundamentalista. A ilusão é de poder tomar o Onipotente como uma empregada faz-tudo.

Para o fundamentalista, a palavra "Deus" invade o discurso inteiro. Isso pode partir de uma constatação trágica: nossa alma é tão tenebrosa, nossa inteligência é tão débil, que somente uma palavra divina poderia nos dar alguma luz. Isso pode vir de uma intenção gloriosa: "E tudo o que vocês fizerem através de palavras ou ações, o façam em nome do Senhor Jesus, dando graças a Deus Pai por meio dele". (Colossenses 3,17). Porém, essa atitude de coração dilacerado por sua miséria ou pelo louvor torna-se a postura de um coração inchado por sua convicção. E o nome de Deus transforma-se em dispensa de pensar, e em resposta universal.

Ele é o mecânico aberto 24 horas, sempre pronto para fazer roncar o motor do seu sermão outra vez. É a "solução final" que eu denunciava ainda há pouco. Como é? Vocês têm perguntas sobre a evolução das espécies? Leiam as Escrituras. Têm uma dúvida científica ou econômica?

Leiam as Escrituras. Está tudo lá, não é preciso pensar, basta dizer "Deus" para que tudo seja resolvido. É o canivete suíço e a panaceia, o sésamo absoluto e o talismã supremo.

Sartre definia o imbecil como aquele que tem resposta imediata para tudo. Com o fundamentalismo, a palavra "Deus" torna-se a alavanca de uma imbecilidade perfeita. O discurso religioso acaba por excluir ou absorver toda outra forma de discurso. Mais prático ainda: não haverá mais discurso atento a partir das coisas assim como dadas à experiência. Por que encontrar a chave certa para essa fechadura? Aqui está o pé de cabra. — O que é o homem? A coisa do Senhor. – 2 + 2 = ? O que o Senhor quiser. O "Senhor" substitui todas as coisas. E é por isso que qualquer coisa poderá acabar substituindo o "Senhor". De fato, essa banalização, ao mesmo tempo invasiva e defensiva, logo leva a uma reação: a do ateísmo.

14. Essa reação é muito boa como defesa, mas muito problemática como resposta. O ateu objeta com razão: "Por que você me fala de Deus quando eu estou na sua frente? Fale-me de você, fale-me de mim, falemos de nós, desse vinho que vamos tomar juntos, não é isso que está diante dos nossos olhos? Por que você me remete a algo que você não vê, por que você não acolhe aquilo que vê? Por que você me fala de Deus quando temos essa moça radiante que acaba de atravessar a rua, ou mesmo esse bonito Sol que ilumina o dia de hoje? Será que você não está fugindo da realidade das coisas, e que, debaixo dos seus apelos ao amor, o seu coração está abarrotado de ressentimento?".

O ateu infere disso, com razão, que a fé é um niilismo. É essa a conclusão de Nietzsche, que não é niilista, ao contrário do que dizem alguns, e que são talvez eles próprios fundamentalistas feridos. O projeto de Nietzsche é sair do niilismo, lutar contra os que pensam que este mundo não é o verdadeiro mundo, que esta vida não é a verdadeira vida. Sua doutrina do eterno retorno não tem nada a ver com alguma crença regressiva num ciclo cósmico: ela afirma simplesmente que, se aquilo que está presente retornasse sem cessar, por mais cruel que fosse esse presente, seria preciso consentir nisso sempre, com uma jubilação dionisíaca e trágica. Porque não existe nada fora desse presente terrível, nada resiste fora das aparências e do tempo.

Assim, Nietzsche coloca o budismo, o platonismo e o cristianismo no mesmo saco, sem distinção. O processo dessa rejeição é fácil de descrever: Você acredita num além? É porque o aqui machuca você. Então, com pieguices cheias de rancor, você condena o aqui e se vinga dele inventando um outro lugar que vai inverter sua situação. Assim, você é niilista: você nega o valor deste mundo em prol de um outro mundo hipotético; você nega aquilo que vê em prol daquilo que você não vê. Deixe-me beijar esta bela mulher em vez de abraçar essas suas brumas.

A objeção é legítima. Ela, no entanto, cai no erro contrário. Nietzsche identifica o discurso a respeito de Deus com o discurso fundamentalista, em que a palavra "Deus" serve de varinha mágica, a fé exclui a razão, a redenção se opõe à criação e, portanto, em que Deus, autor do além, torna-se inimigo de Deus, autor deste mundo onde vivemos.

15. Os rivais assemelham-se. O ateu tem isto em comum com o fundamentalista: ele fala de Deus com a mesma facilidade. De fato, um ateu verídico, militante, do jeito que eu gosto, disposto ao duelo, está sempre com essa palavra na boca.

É esse, aliás, o verdadeiro problema do ateísmo: nele, você fica obcecado por Deus, você tenta se livrar Dele, mas, para fazer isso, é preciso toda vez explicar que Deus não existe ou que a religião é obscurantista e violenta. Sua teologia remete sempre à teologia, e sua própria denominação — "a-teu" — contém o nome de Deus na terminação. Ainda como esse nome cola na sua língua, arrepia seus pelos, e provoca tantas emoções, tantas inebriações profundas, o mesmo ocorre com o fundamentalista, ainda que em sentido contrário. E, da mesma forma que o fundamentalista usa esse nome para toda ocasião, você o manda ir passear. Para o primeiro, basta dizer "Deus" e está tudo resolvido. Para o segundo, está tudo resolvido porque ele não é mais dito (mas o tempo todo é preciso repetir que não é preciso mais dizê-lo!).[1]

Assim, um e outro usam o nome com a maior facilidade, seja para uma promoção mecânica, seja para livrar-se Dele utopicamente. Dos dois lados, a mesma jactância,

---

[1] Michel Lonsdale contou-me a seguinte confidência de Marguerite Duras: "Não acredito em Deus, mas falo Dele o tempo inteiro".

o mesmo militantismo ocupado. O fundamentalista se dá conta de que a imagem do mundo sempre reaparece diante de seus olhos, o ateu percebe que o nome de Deus sempre volta aos seus ouvidos, e os dois se enervam e encarniçam um contra o outro, e cada qual contra sua Hidra, cujas cabeças crescem de novo toda vez que eles as cortam. Como eles se opõem àquilo que resiste e que se renova todo dia, sua existência se consome na superexcitação do ativismo e no excesso dos *slogans* em que "Deus" é o tempero preferencial.

Nos gestos do agnóstico assim como nos do escondido

16. "Naquele dia muitos me dirão: 'Senhor, Senhor, não foi em teu nome que profetizamos? Não foi em teu nome que expulsamos demônios? E não foi em teu nome que fizemos tantos milagres?' Então eu vou declarar a eles: Jamais conheci vocês. Afastem-se de mim, malfeitores!" (Mateus 7,22-23).

Jesus fala dos cristãos que não param de falar de Cristo, que fazem tudo em seu Nome, e que o Cristo, no entanto, nunca conheceu, porque o instrumentalizaram e se empertigaram numa banalização arrogante ou apropriação idólatra. Eu digo: "Senhor", mas é só um amuleto ou um bichinho de pelúcia. O "Altíssimo" é reduzido às proporções de um fetiche doméstico, o "Todo-Poderoso" torna-se o utensílio do meu poder. E, se você não estiver de acordo comigo, vai assar nos espetos giratórios do inferno! O ateu indigna-se com isso, mas cai no mesmo erro — isso que é engraçado: ele manipula "Deus" tão bem quanto seu adversário.

Para poupar-se do risco dessa jactância, poderíamos concluir, seguindo as palavras do próprio Cristo, que o importante, no fim das contas, não é dizer: "Alá é grande" ou "Deus está morto", mas não fazer o mal. Jesus declara aos falsos devotos: "Retirai-vos de mim, operários maus". O essencial, por conseguinte, encontra-se na justiça. Basta ser justo, amar o próximo, amar todos os homens como irmãos (e como irmãs), todos tomados pela mão (o que supõe que cada um de nós tem bilhões de mãos para não excluir ninguém de nosso cumprimento caloroso), e nem falar de "Deus", palavra viciada, coisa de Tartufo, fonte de todos os mal-entendidos e de todos os litígios.

17. Essa é a mística do "esconder-se" praticado por aqueles que poderíamos chamar de cristãos "anônimos" ou "sociais": "O Reino do Céu é como o fermento que uma mulher pega e mistura com três porções de farinha, até que tudo fique fermentado" (Mateus 13,33). Não vale a pena falar de Deus. Antes, vivamos de maneira justa e compassiva com todos os homens. Sejamos fermento e não inchaço; levedura, não cobertura. Vale mais a caridade silenciosa do que a verdade esmagadora. O fermento na massa realiza sua obra sem fazer barulho. Seu resultado é sem estardalhaço. Sua presença, sem ostentação. Assim como Ele, o cristão deve trabalhar incógnito. *Larvatus prodeo,*

poderíamos dizer com Descartes (ou com Kierkegaard): “Vou avançando mascarado”.

Os atos, de resto, são mais eloquentes do que as palavras. Não é esse um ensinamento maior do Evangelho diante de um farisaísmo tagarela? Quando Tiago fala em mostrar a fé “pelas obras” (Tiago 2,18), quando João manda que “não amemos com palavras nem com a língua, mas com obras e de verdade” (1 João 3,18), os dois apóstolos sugerem certa suspeita quanto à palavra que fica na cabeça e não desce ao coração, princípio da atividade humana. Falar de Deus seria ocasião de ilusões mortíferas. Convém mais falar *a* Deus, na oração, e *fazer* a vontade de Deus com gestos.

Porém, aí temos um certo risco. Como distinguir o fermento escondido na massa de uma imagem análoga, empregada por Cristo, mas de maneira pejorativa: a do talento escondido debaixo da terra (Mateus 25,25)? Será que a vocação do discípulo pode se confundir com o mutismo de uma porta? A santificação, com a secularização? As premissas anteriores levam pouco a pouco à observação seguinte: se é possível ser justo sem “Deus”, então pode-se também perfeitamente ser injusto sem Deus. Assim como o fundamentalismo provoca a reação de ateísmo, o anonimato dos cristãos, em nome da primazia dos atos sobre as palavras, provoca a reação de agnosticismo.

18. Não sem pertinência, o agnóstico conclui: basta ser justo. Não podemos ser justos sem crer em Deus, e injustos crendo? Não vimos justos incréus e criminosos católicos? O conhecimento de Deus, portanto, nada tem de decisivo.

É inútil falar Nele. Inútil crer Nele. Exceto para entregar-se a admiráveis exercícios de erudição.

O agnosticismo distingue-se do ateísmo porque o agnóstico poupa-se de ter de provar que Deus não existe. Assim, ele evita a obsessão do ateu, sua jactância e sua ocupação contra a Hidra recalcitrante. – Talvez Deus exista, diz ele, gentilmente, você pode até acreditar Nele, se isso lhe diz algo, mas o essencial não está aí, o essencial está na justiça e na tolerância que justamente demonstro para com você.

Evita-se a canseira do ateísmo teórico. Mesmo assim, fica-se num ateísmo prático. O agnóstico *não diz* que Deus não existe, mas *vive* como se não existisse, o que é quase igual, e poderíamos pensar que, no fim das contas, o ateu militante é menos hipócrita. No entanto, o agnóstico pode levar a tolerância até o ponto de ter uma relação positiva com o "divino": "Não creio, mas acredito em certos 'estados telepáticos'... Ignoro se existe um Eterno, mas adoro Teresa d'Ávila... Não creio em Jesus Cristo, mas permaneço culturalmente cristão, e acredito nos valores do Evangelho...".

Resta saber se o Evangelho existe para promover valores, e não o encontro com uma Pessoa. O que, de fato, é uma cultura cristã sem Cristo? E, mais ainda, qual pode ser o "valor" dessa Boa Nova se aquele que a enuncia é mentiroso; se, ao contrário daquilo que é revelado por sua palavra e por seus atos, Ele não é o Deus Salvador? Alguns recorrem ao artifício de uma oposição entre o Jesus histórico, modesto profeta da democracia, e o Jesus das Escrituras, fabricado por apóstolos arrivistas? Essa oposição evidentemente foi fabricada por eles, e ela própria se relaciona com certo arrivismo. O criticado sempre quer criticar outro.

19. O escondido e o agnóstico compartilham o mesmo erro: ao opor radicalmente palavra e atos, se esquecem de que a palavra é um ato, e, aliás, o ato mais profundo para um ser vivo que é especificado pela palavra. Afirmar que o conhecimento de Deus não muda nada em nossa ação é algo que deriva dessa "misologia": imaginamos que em geral a palavra não é decisiva, e que a palavra de Deus, em particular, não tem influência radical em nosso agir, não transforma em nada nossa concepção de justiça. Porém, imaginar isso é faltar à justiça primeira. E faltar a ela três vezes, não só uma.

Em primeiro lugar, faltamos à justiça reduzindo-a a algo que não está diretamente ligado à verdade da palavra. Lisonjeamo-nos por ter um humanismo que trata os homens como animais: são alimentados, aquecidos, acariciados como bichos de estimação; cuidamos de sua prosperidade material, e que se dane sua alma! A felicidade não está num bem-estar cego? Ajudamos os pobres prontamente, mas como se eles não tivessem angústia diante da morte, não tivessem sede de sentido, de contemplação. Como se a poesia e o saber, o louvor e a súplica, a conversa e a confiança, não fossem os primeiros alimentos para um homem como homem. Imagine que eu proponha que comamos juntos, mas sem trocar uma palavra nem um olhar eloquente, sem falar interiormente consigo mesmo; em que nos distinguiríamos de duas vacas, com os focinhos ruminando paralelamente no cocho? Um ato que estivesse totalmente fora da palavra não seria um ato humano.

Em segundo lugar, faltamos à justiça ao entregar sua definição aos caprichos do mundo. Afinal, quem nos mostrará a justiça? Onde encontrei seu modelo? Temos de viver como irmãos, que seja! Porém, encontraremos a referência da vida fraterna entre os Dalton? Seremos, antes, como Rômulo e Remo? Como Abel e Caim? Temos de nos amar uns aos outros, ótimo! Será à maneira de Bonnie e Clyde? De Pasifaê e seu touro? De Romeu e Julieta, suicidando-se? De resto, se nosso modelo de justiça não é transcendente, não será ele sempre negociável e manipulável? A justiça não será o disfarce do mais sedutor e do mais persuasivo? A partir de então, só há praticamente duas possibilidades: ou caímos no laxismo — tudo liberado –; ou resvalamos no totalitarismo — impomos uma norma arbitrária.

Terceiro — e aí está, me parece, a falta mais grave, porque está no princípio das duas anteriores –, não faço justiça a Deus oferecendo-lhe minha ação de graças. Se não percebo a graça da existência, como eu poderia aprender a dar graças para realizar a justiça? Se não reconheço a vida como um dom, e não dou testemunho em prol de seu Doador, como não farei dela uma propriedade que me deve ser rentável, e sobre a qual tenho todos os direitos? É impossível entrar numa consideração justa das coisas começando com uma omissão plena de ingratidão.

É impossível ser realmente justo se faltamos à primeira justiça, que é a gratidão para com o princípio de toda justiça. Eu não poderia dar a cada qual o que lhe é devido se primeiro não prestasse homenagem Àquele que ama a todos como seus filhos.

Por conseguinte, sem a referência a uma origem divina, não podemos ser perfeitamente justos, pois, sem essa referência ou desapropriação, nos colocaríamos como juízes últimos ou como senhores de toda justiça, o que é o começo de todas as espoliações.

Ainda um esforço: tentativa de um ateísmo de boa-fé, seguido de um ensaio de fundamentalismo radical

20. Diante do mutismo do agnóstico e do cristão social, podemos nos perguntar se a jactância do ateu e do fundamentalista não é mais humana. É por isso que gostaria de voltar a ela, de experimentar essas duas posições, uma depois da outra, não para ver até que ponto são inviáveis, mas para levar a uma questão metafísica fundamental: a da relação entre Criador e criatura.

Vejam bem, Eminência, irmãos e irmãs, vou tentar, diante dos seus olhos, ser perfeitamente ateu. Não se trata apenas de uma experiência de pensamento, como se diz, mas de um memorial do passado, porque fui ateu e, de certa maneira, continuo ateu, não como um termo, claro, mas como um ímpeto. Ora, é muito difícil ser ateu para sempre. É, aliás, quase impossível. Se me perguntam abstratamente: “Você acredita em Deus?”, posso facilmente responder que não. Porém, se me perguntam de maneira mais concreta: “Qual é o deus do seu mundo? O que você coloca como princípio diretor e que você diviniza na sua vida?”, não posso me livrar dessa questão com a mesma facilidade.

A verdade do ateísmo me obriga a não divinizar nada, e sobretudo a não divinizar o ateísmo. Seria infeliz se, ao querer sair da religião, eu inventasse a religião da saída da religião. Seria lamentável se, querendo afirmar a laicidade, instaurasse um clero leigo, encarregado de excomungar o clero religioso. Esse tipo de contradição não foi raro entre os ateus. Estou ciente disso, é por esse motivo que quero levar o experimento mais adiante, na maior coerência.

Em suma, para ser ateu até o fim, não devo divinizar o dinheiro, a volúpia, a cultura, o Real Madrid, Nietzsche, eu mesmo nem meu próprio juízo... Devo, portanto, aceitar não ter a última palavra. O que significa que o ateísmo não é a última palavra. Ele só pode ser sincero quando entra nessa dinâmica que o coloca o tempo todo à frente de sua contradição. Ou, para dizer de outro jeito, a posição de ateu é sempre datada. Se subitamente me imponho: “Chega, acabou, eu que dou a última palavra nessa história”, não sou mais ateu. Pelo contrário, decaio ao nível dos fabricantes de ídolos. Minha probidade de ateu me leva, portanto, a dizer que não tenho a última palavra – mas também que deve haver uma última palavra. Afirmar: “Nunca teremos mais do que penúltimas palavras”, ponto final, ainda é pretender ter a última palavra. Se você diz: "Só existem penúltimas palavras, mas não a última palavra", nesse momento a sua penúltima palavra torna-se a última palavra, e você ainda se contradiz. É preciso dizer, portanto: "Não tenho a última palavra, mas deve haver uma última palavra que nos escapa e nos ultrapassa, algum verbo transcendente".

21. O ateísmo só é verdadeiro quando se torna pura disponibilidade ao mistério. Ele destrói todos os ídolos, e depois quebra o ídolo do ateísmo para transformar-se em espera de uma revelação transcendente, de um sentido que não fabricamos, mas que vem a nós *apesar* de nós e até mesmo *contra* nós. Não aquilo que dá *um* sentido à *minha* vida, mas aquilo que me entrega ao sentido da vida, e que me pede, então, para segui-lo até a morte. Como disse Jesus: "Não foram vocês que me escolheram, mas fui eu que escolhi vocês" (João 15,16). Essa constituição é o exato oposto do *establishment* ou da "situação bem estabelecida": eu não a escolhi, ela desvia meus projetos, atrapalha meus planos. Ela é exatamente como a vida (que recebi sem escolher e que o tempo todo ultrapassa todo programa, abrindo-me ao imprevisto), pois foi estabelecida pela *Vida* em pessoa (João 1,4; 14,6).

Porém, outra vez peço sua atenção, Eminência, irmãos e irmãs, pois neste momento suponho que essa Revelação me tenha chegado! Ela não vai revolucionar minha existência? Não vou me apegar a ela mais do que a qualquer outra coisa? Assim acontece de o ateu militante tornar-se fundamentalista religioso. Essa inversão não é rara, ainda mais por ser facilitada pelo hábito de ativismo e de jactância comum às duas figuras. Queimo aquilo que adorei e adoro aquilo que queimei. Assim como eu me matava para "esmagar o desprezível",[2] agora me empenho a "combater aos infiéis".

Fundamentalista fui também, me parece, logo depois de minha conversão, e fundamentalista permaneço, certamente não como um termo, mas como um apoio. O fundamentalista toma a Palavra revelada como fundamento absoluto. Por quê? Porque é a Palavra de Deus. Ora, essa Palavra me revela que Deus é Criador do Céu e da Terra. Por conseguinte, se me aferro à Sua Revelação pela fé, sou obrigado a me unir à Sua Criação pela razão. Não é ele o autor de ambas?

Quanto mais me apego à letra das Sagradas Escrituras, mais ouço aquela letra me dizer: "a letra mata, e o Espírito é que dá a vida" (2 Coríntios 3,6). Quanto mais me volto para o Altíssimo, mais enxergo o Altíssimo abaixar-se aos pequeninos: "Eu vi muito bem a miséria do meu povo" (Êxodo 3,7). E se me dedico exclusivamente ao Invisível, então Ele me diz, por meio de sua testemunha: "Se alguém diz: 'Eu amo a Deus', e no entanto odeia o seu irmão, esse tal é mentiroso; pois quem não ama o seu irmão, a quem vê, não poderá amar a Deus, a quem não vê" (1 João 4,20).

---

[2] Referência ao lema cunhado por Voltaire (como todo lema, na forma imperativa): "*Écrasez l'infâme*", com o qual o escritor conclamava a esmagar a religião e a superstição. (N.T.)

O fundamentalista sincero é obrigado a não ficar só nas Escrituras Sagradas. Estas não são um fundamento sobre o qual, sim, levanta-se um edifício. Aliás, elas só são recebidas por meio de uma cadeia de testemunhos e, portanto, de uma Tradição que me arrasta para além da página. Elas só podem ser bem lidas no seio dessa Tradição, e também porque aprendemos a ler, porque além disso lemos livros de gramática, de história, de filosofia, de literatura, sem o quê corremos o risco do subjetivismo e do contrassenso. Enfim, essas Escrituras que testemunham o Criador afirmam que a criação inteira é levada pelo Verbo de Deus: elas só são verdadeiramente acolhidas se também acolhemos toda criatura como uma palavra divina.

Contra o Ser Supremo – uma questão metafísica fundamental

22. A dupla tentativa do ateísmo, e depois do fundamentalismo, que acabo de operar diante de vocês (será que é o caso de me aplaudir como a um acrobata que acaba de conseguir dar um perigoso salto duplo para trás? Também podemos quebrar o pescoço ao pensar, e o pior é que depois disso podemos continuar andando como se nada tivesse acontecido, sem perceber que o pescoço da inteligência foi rompido), minha dupla tentativa, portanto fracassada, não termina apenas com um duplo fracasso. Ela também me faz encalhar como um naufragado na praia de um país maravilhoso. Essa praia é a de uma

questão metafísica fundamental, que está no pano de fundo de nossa extrema dificuldade de falar de Deus, e também de não falar Dele.

Essa questão surge de maneira muito simples: estou aqui para falar de Deus a vocês, que se dão conta de que, neste momento, não estou mais falando de futebol, da crise financeira, nem da Monica Bellucci... É impossível que seja de outro jeito. Portanto, é esse o problema decisivo: como falar ao mesmo tempo do Eterno e da última partida Madri-Milan? Ou, para dizer de maneira mais geral: como falar de Deus de tal maneira que isso não implique desprezo, mas, pelo contrário, ternura em relação a suas menores criaturas?

No caso, os sujeitos, os vocabulários e os tons de discussão não poderiam ser os mesmos. O teólogo e o torcedor não podem existir ao mesmo tempo. A Cruz de Cristo e a bola de futebol não inspiram exatamente os mesmos pensamentos, nem o Corpo de Cristo e o corpo da Monica... A consequência é que, quando vou falar de Deus, sempre tenderei a caracterizá-lo como aquilo que se situa *ao lado* das coisas deste mundo. E se especifico que é algo muito superior, só faço piorar a situação: eu o caracterizo como ocupante de uma certa região do ser, e, ao especificar que essa região é superior ou dominadora — ao afirmar que Ele é o "Ser Supremo" –, acrescento à ideia de que Ele está *ao lado* das coisas a de que está *em concorrência* com elas, e que elas não chegam aos pés Dele. Na balança do discurso, o "Ser Supremo" é tão pesado que os outros seres parecem tão desprezíveis quanto se seu prato estivesse vazio. Eis o grande drama linguístico: falar de Deus parece *excluir* falar de futebol ou de mulher, e não apenas excluir, mas condenar.

Assim meu interlocutor vai tomar o Uno por um Huno, isto é, Deus por um invasor, um conquistador bárbaro, cujos cavalos furiosos pisoteiam as palavras, e atrás do qual a grama não cresce mais. Ora, o que é que devora desse jeito a conversa? Alguma coisa que não se vê, ao passo que podemos todos ver uma partida de futebol... Algo que não se toca, ao passo que todos podemos tocar uma mulher (ou ao menos sonhar em tocar)... Porém, meu interlocutor justamente retrucará: "Você me cansa com esse seu Deus... Você não sabe falar de outra coisa? Não pode falar de algo mais concreto? Além do mais, você é ingrato. Por que não se contenta com aquilo que te é dado aqui e agora? Por que não sabe aproveitar o frescor de um gole de cerveja, os pênaltis assistidos entre amigos, um galanteio dirigido a uma bela senhorita?".

Aqui eu ainda poderia denunciar a tentação de idolatrar a mulher ou o futebol... A objeção que me é feita não é menor. Não serei ingrato por não ver a maravilha dessas pequenas coisas que o Altíssimo cria em seu amor eterno? Qual a minha dificuldade? Comecei querendo falar como um apóstolo, e eis que, para evitar essa acusação de ingratidão e de obsessão mística, acabo me contentando em falar como todo mundo. Fico adiando falar de Deus, dou a impressão de *acolher o outro*, como homem caridoso, pareço me interessar pela classificação do campeonato...

23. Como sair dessa? Como não cair na regionalização / banalização fundamentalista, nem na reserva / supressão humanista? Posso tentar falar *ao mesmo tempo* de Deus e de Monica, por exemplo? A concomitância parece incongruente e, no entanto, ela é essencial (tão essencial quanto a concomitância da humanidade e da divindade em Cristo). Vários, aliás, já a procuraram. Santo Agostinho, em primeiro lugar. Ele não fala, justamente, ao fim do Livro IX de suas *Confissões*, de Deus e de Mônica (sua mãe) juntos? E ainda há Dante, que fala também de Deus e de Beatriz *juntos*, ao ponto de, na primeira vez em que vê a menina, ouve a frase: "*Ecce Deus fortior me* — Eis o Deus mais forte do que eu".[3]

Na verdade, falar de Deus não é falar *de outra coisa*, mas da *fonte de todas as coisas*. Nada é mais importante do que compreender essa nuance (que nos abre para o incompreensível). Se falamos do Criador como de um tema entre outros, se o exaltamos como um Ser Supremo acima dos outros seres, mas no seio de uma mesma ordem, no topo de uma única escala de valores, efetivamente nem sequer falamos Dele, e até blasfemamos, pois isso é precisamente *tomar Seu Santo Nome em vão*. A punição vem de imediato, por justiça imanente: o interlocutor repele essa coisa suprema invisível em nome das coisas inferiores, talvez; perecíveis, sem dúvida; enganosas, fatalmente, mas também deliciosamente visíveis, palpáveis e perfumadas.

---

[3] Dante, *Vita Nuova*, I.

Deus não é uma coisa entre outras, Ele é a origem, o princípio de todas as coisas. Tomar Seu Santo Nome não poderia, portanto, conduzir a uma palavra exclusiva, como julgam tanto o fundamentalista quanto o ateu, mas a uma palavra inclusiva, sempre atenta às criaturas, sempre hospitaleira, que faz de si tabernáculo ou catedral: cada ser é nela recebida numa amplitude vertical, que recolhe seu coração e o eleva na luz... Escutemos a Palavra divina em carne e osso: "Olhem como crescem os lírios do campo: eles não trabalham nem fiam. Eu, porém, lhes digo: nem o rei Salomão, em toda a sua glória, jamais se vestiu como um deles" (Mateus 6,28-29). O Messias está ali e não diz: "Considerai-me", mas "Considerai os lírios do campo". Essa pequena flor selvagem, comum, passageira, o Verbo de Deus não a pisoteia, mas, ao contrário, diante de seu olhar amoroso, ela surge com uma dignidade mais do que real. O que dirá Ele, então, do lateral direito do Bayern ou do zagueiro do Real? "se Deus assim veste a erva do campo, que hoje existe e amanhã é queimada no forno, muito mais Ele fará por vocês, jogadores de futebol e até mesmo torcedores, homens de pouca fé?" (Mateus 6,30 — com algumas adaptações).

24. A questão metafísica fundamental diz respeito aqui à relação entre Criador e criatura. Muitas vezes, essa relação é reduzida a um esquema competitivo: o Criador não está no mesmo plano, mas permanece na mesma ordem. Nesse caso, busca-se inspiração na relação entre artista e obra, que pode funcionar até certo ponto, mas que,

se é sustentada de maneira unívoca, leva àquilo que o cardeal Journet considera "o pior dos erros".[4] Quando me volto para a escultura de Fídias, sou obrigado a me afastar de Fídias: certamente eles não têm a mesma dignidade, uma é de mármore, o outro de carne; uma é um produto, o outro é o produtor (apesar de certos estetas, às vezes, chegarem ao ponto de afirmar que Fídias é menos interessante do que sua obra-prima), mas os dois situam-se no mesmo horizonte visual e, por isso, se encontram sob esse aspecto em rivalidade, cada qual ocupando uma porção diferente do espaço e solicitando minha visão em direções contrárias.

Se imaginamos Deus como o Ser Supremo, isto é, menos como o Criador do que como a Super-Criatura, artista genial cuja anterioridade e superioridade esmagam todas as outras (no quadro do mapa da concorrência, a concorrência com o Ser Supremo é obrigatoriamente desleal). Se essa Super-Criatura entrasse neste recinto, Eminência, caros amigos, lamento, mas ela eclipsaria todos vocês com sua envergadura imensa, vocês não seriam mais nada para mim, e eu me prostraria imediatamente diante Dela, absolutamente trêmulo, como uma minhoquinha diante do adorável mamute, como uma *groupie* diante de um *rockstar*.

Segundo essa abordagem competitiva, estou convencido de que, para dar lugar ao Criador, é preciso repelir a criatura (fundamentalismo), ou que, para dar lugar à criatura é preciso repelir o Criador (ateísmo); ou ainda, terceira

---

[4] Charles Journet, *Entretiens sur Dieu le Père*, cap. I.

possibilidade, que é preciso arrumar um lugar para cada um, dar uma parte ao Criador e uma parte à criatura ("esconder-se", se a parte do Criador é maior, e, se a parte da criatura é maior, agnosticismo).

25. Há mesmo assim um lado pelo qual a comparação com o artista pode nos servir de maneira positiva. Um admirador, por exemplo, vai a Dante e declara: "Sr. Dante, o senhor é admirável, é o maior poeta de todos, um homem absolutamente extraordinário!". Dante fica comovido e pergunta: "E qual obra minha o senhor leu? A *Comédia*?". O admirador começa a gaguejar: "Bem... para falar a verdade... enfim... não li inteira... mas conheço o título, e o seu nome é tão famoso!". Esse tipo de situação é bastante frequente: as pessoas vão até o artista por causa de sua fama, de seu renome, de seu pertencimento às esferas brilhantes e sonoras; não é sua obra que lhes interessa, mas a possibilidade de gravitar em torno do poderoso astro, de ser um satélite que capta algo de seu brilho. Nietzsche chama isso de o "grande mal-entendido": "Esperar um eco e só receber elogios".

Eis o que acontece muitas vezes com o Eterno. Vamos a ele cheios de "Eu te amo", de "Eu te adoro", "Tu és meu Tudo, meu Rei", mas desprezamos suas criaturas. Às vezes até achamos ser mais místicos quanto mais desprezamos (é verdade que o desprezo pode trazer inebriações estupidificantes, e que, a partir de certa intensidade, essa inebriação parece atingir os cumes do êxtase). Deus espera de nós um eco, isto é, que amemos sua criatura como Ele, que preparemos para ela o espaço para se desenvolver, mas, em vez dessa hospitalidade exigente, cobrimos essa criatura de elogios excessivos, e nada é mais absurdo.

Ir até a fonte das coisas não é rejeitá-las: pelo contrário, é acolhê-las em seu frescor, e acompanhá-las em seu ímpeto. O Criador não para de nos remeter a Suas criaturas como a Seus filhos bem-amados, e, reciprocamente, as criaturas não param de nos remeter ao Criador, que é o Pai que as engendra e que as salva. Assim, voltar-se realmente para o Criador é voltar-se para as criaturas da maneira mais íntima, e voltar-se verdadeiramente para as criaturas é voltar-se para o Criador, que desde a eternidade as escolheu e as colocou em nosso caminho.

Desse ponto de vista metafísico, dedicar-nos a Deus não implica alienação nenhuma, pois trata-se de dedicar-nos Àquele que é a origem da nossa personalidade, e dar-nos a Deus não nos tira nada, pois trata-se de se dar Àquele que quer nos dar tudo (como a *Divina Comédia* poderia perder algo, sendo oferecida à pena de Dante?). Deus não nos pede nada para Ele. Do que teria necessidade? O que poderíamos oferecer a Ele que não teríamos primeiro recebido de Sua mão? Ele só pede por nós. Toda dívida com Ele é, na verdade, o sofrimento de um dom que Ele quer nos dar. Todo sacrifício, uma assunção. Penso nos incas, que executavam sua vítima despejando ouro derretido em sua garganta. O Eterno nos faz a graça de um suplício análogo, mas na ordem do ser, não do nada: Ele despeja em nossa garganta o ouro de uma vida luminosa e fluvial, mais preciosa, mais ampla, mais viva, que vai destruir o odre velho do nosso orgulho.

Fraco é o poder que precisa esmagar os outros para existir. Assim, o Todo-Poder não existe para esmagar, mas para elevar; não existe para abolir, mas para cumprir. E isso, sob certo aspecto, é muito mais terrível. Agora temos de viver segundo essa elevação e criatividade divinas, as quais são incomparavelmente mais exigentes do que simplesmente estufar o peito ou se fechar aconchegantemente no seu casulo.

26. Para sugerir que a palavra "Deus" não é uma entre outras, por remeter àquilo que dá existência a todas as palavras, alguns se valeram de estratagemas tipográficos ou retóricos, que visam silenciá-la assim que pronunciada, apagá-la assim que for escrita e conferir-lhe um peso ou uma leveza que marque sua transcendência (e, portanto, também sua imanência silenciosa) nos vocábulos, grandes ou pequenos. Os judeus têm o hábito de escrever D. Certos teólogos contemporâneos: DEUS ou Deus ou [...] ou ainda †... Incompreendidos sinceros, que tomamos por provocadores, contentam-se em notar "O", "Glup!", "Uau!", "Argh!", ou "Uh", como os bichos, como o pássaro ofuscado pela aurora. Místicos, como Eckhart, têm modos de dizer audaciosos, que soam mal a ouvidos que não se voltam para uma harmonia mais elevada: "É preciso amar Deus como se fosse um não Deus, um não Espírito, uma não pessoa, uma não forma: antes, como uma Unidade mais elevada, mais clara e pura, distante

de toda dualidade",[5] pois Ele é sempre *mais outro* do que você consegue conceber, mas também *mais o mesmo*.

Toda vez, trata-se de tirar a palavra da impressão de rivalidade trazida por sua presença comum no meio de outros termos, tirando suas letras do mesmo alfabeto, abrindo um lugar no meio da frase. Esse esforço já está na Bíblia. O Nome por excelência, o Tetragrama, YHVH, é impronunciável (ele é substituído por "o Senhor" ou "o Eterno", como aquilo que o declara ao calá-lo). Porém, para que essa impronunciabilidade não se perca num silêncio privativo, exterior, estrangeiro, simples negativo da palavra, as Escrituras também mostram que o Nome por excelência é também o mais pronunciável, pois é transmitido no verbo mais comum: "Aquele que é" (Êxodo 3,14).

27. A luz não concorre com as cores: quanto mais ela se eleva, mais as cores brilham. O mar não concorre com os peixes: quanto mais ele se estende, mais os peixes se multiplicam. A seiva não concorre com a árvore: quanto mais esta se deixa penetrar, mais seus ramos se estendem, verdejam, frutificam. A habitação divina não é a possessão demoníaca. Esta aliena e esteriliza. A primeira acolhe e fecunda.

A transcendência de Deus não se opõe à sua imanência: ela a garante. É porque o Criador é infinitamente diferente das criaturas que Ele não está em rivalidade com elas, e pode ser infinitamente presente para elas sem diminuir a presença delas, mas dando-lhes essa presença.

---

[5] Mestre Eckhart, *Deutsche Werke*, sermão 42.

É porque Ele as transcende que pode estar nelas sem obstruí-las, mas desprender sua maior liberdade; agir nelas sem torná-las passivas, mas intensificando sua atividade; aspirá-las em si sem as absorver, confirmando a singularidade própria delas.

Falar de Deus não poderia ser, portanto, como uma chapa de chumbo que fundimos. Trata-se, antes, de uma aurora que se levanta. Uma palavra assim é uma clareira. Ela permitirá falar ao mesmo tempo de Deus e de uma mulher, ao mesmo tempo do Eterno e de um jogador do Milan AC. E não estou brincando. Isso é o Juízo Final. O que nos ensina o discurso de Cristo sobre esse Juízo? "Todas as vezes que vocês fizeram isso a um dos menores de meus irmãos, foi a mim que o fizeram [...] todas as vezes que vocês não fizeram isso a um desses pequeninos, foi a mim que não o fizeram" (Mateus 25,31-46). Deus não é a Super-Criatura diante da qual até os grandes são eclipsados. Ele é o Criador que dá lugar até aos menores, que chega ao ponto de se identificar com eles, pois dá seu ser o tempo inteiro e quer comunicar Sua alegria o tempo inteiro.

Eis o inefável: ele mora debaixo das palavras cotidianas. Não está empoleirado no Olimpo: está aqui, por toda parte, no meio de um hospício, num jardim de infância, no saguão de uma estação, nos banheiros públicos, apagado como a luz que permite ver todas as coisas. Não podemos falar D'Ele como de algo ao lado das coisas, mas também não podemos falar verdadeiramente das coisas calando-o, pois Ele é seu princípio e seu fim. Levar seu

Nome não é impô-lo desde o alto, mas antes deixá-lo subir a partir do fundo de toda realidade, de modo que que a pergunta "Como falar de Deus?" nos remeta menos à questão de um tema de conversa mais elevado do que os outros, do que à questão de uma modalidade de palavra absolutamente hospitaleira.

II
O que significa falar

TENTAR CHEGAR AONDE JÁ ESTAMOS

28. Falar de Deus não é falar de outra coisa. Deve haver, portanto, uma modalidade em que o Um é enunciado por meio dos outros e os outros se afirmam pelo Um; uma modalidade na qual "Deus" não é largado como uma palavra enorme no meio de outras pequenas, mas que é signo que remete à fonte silenciosa que dá a toda a frase seu sopro e sua música. Evidentemente, só essa modalidade impede que falemos de Deus como de uma Super-Coisa, impedindo-nos também de falar das coisas como fazemos banalmente, porque se trata de falar de maneira divina.

Essa maneira divina pode ser distinguida filosoficamente. Para o futebol, ela dá: "Qual a finalidade do gol?", "A superioridade do passe sobre o drible é o sinal da nossa vocação para a comunhão?", "Por que existe essa bola e não o nada?", "Qual o fundamento da realidade do Real?", etc. Para uma bela moça: "Qual o sentido da vida?", "Por que sua beleza corporal fala misteriosamente à minha alma?", "Como posso beijá-la verdadeiramente, até no mistério de sua pessoa?".

Essa maneira de pensar também pode ser vista poeticamente:

Se, no jogo, os braços sacrificas
para que os pés na bola mostrem brio,
o corpo inteiro sacrificarás um dia
– mas por qual gol? Por qual troféu sombrio?

Ou ainda, a uma senhorita mais magra:

Tua carne tamanho trinta e seis
é bastante para minha avidez?

Com questões assim, nem o torcedor vai torcer por mim por muito tempo, nem a moça bonita vai me aguentar. Vão me chamar de visionário ou de imbecil, vão dizer que gosto de complicar as coisas, que procuro cabelo em ovo. Aquele que, mais expressivo, gritar em uníssono pela vitória de seu time, ou que der presentes sedutores para lisonjear a moça, será muito mais eficaz. E talvez seja sempre necessário passar por isso: falar do Real antes de falar do real, falar como um sedutor antes de falar de verdade.

É isso que preconizam os especialistas em estratégias de comunicação: é preciso primeiro atrair ou impressionar, vestir o Espírito Santo com um traje elegante, tornar o Eterno sexy, pregar a intimidade do Incompreensível com o forte apoio de *teasers*. Seria, contudo, uma questão de estratégia? Esse abastardamento publicitário é inevitável? O puro é mais bem transmitido por mãos bajuladoras? São João deve dar lugar aos publicitários? A cruz, ao *outdoor*? A Ressurreição, ao *pop-up*?

Às vezes o estrategista é tão ardiloso que erra naquilo que o ingênuo atinge de primeira. Porque ele julga que tudo é questão de manobra e de astúcia, não enxerga aquilo que tem a ver com a atenção e com a simplicidade. Assim, nossa questão é muito mais radical do que a de um método, por hábil que seja. Penso na frase de Mestre Eckhart: "As pessoas não deveriam pensar tanto no que devem fazer, mas no que devem ser".[1] Quando nos perguntamos apenas o que é preciso *fazer* para falar bem de Deus, acabamos sendo apenas *fazedores*. A verdadeira questão é saber antes o que somos como seres que falam.

No fundo, aquilo que nos interpela aqui não diz respeito a uma estratégia de comunicação religiosa, mas à essência da palavra. Antes de refletir sobre o que fazer, é preciso refletir sobre o que é falar de verdade. Aquilo que nos perguntamos desde o começo é, por fim, o seguinte: como simplesmente falar?

29. Essa pergunta parece burra. Não estou agora mesmo usando minhas cordas vocais, minha língua e meus dentes? Já não estou falando, assim como a moça, o torcedor ou o apresentador de TV? Não é absurdo, entre ciclistas,

---

[1] Citada por Josef Pieper, *Petite anthologie des vertus du coeur humain*, ed. Raphaël.

perguntar como andar de bicicleta? Não corremos o risco de provocar uma queda?

Se essa pergunta parece ridícula, é porque sempre agimos como se já tivéssemos resolvido a questão de saber em que consiste falar. Esse preconceito, aliás, está contido em nosso título: *Como falar de Deus hoje?*, como se o problema dissesse respeito apenas a nossa relação com Deus, e de maneira nenhuma a nossa relação com a palavra. Ora, é possível que seja o contrário. Talvez o drama fundamental seja que não sabemos mais falar. São Paulo diz na Epístola aos Romanos: "nem sabemos o que convém pedir" (Romanos 8,26). O que é a mesma coisa, supondo-se que a oração seja o ato mais profundo da palavra.

É preciso observar o seguinte: a questão de falar bem não remete a problemas de fonação ou de oratória. Posso saber perfeitamente articular e apenas tagarelar, conhecer perfeitamente os tropos da retórica e apenas mentir. O sofista fala bonito, o tagarela é um moinho de palavras. Seus discursos, ainda que às vezes sinceros, valem menos do que o silêncio. O silêncio, ao menos, deixa o real emergir, permite escutar as coisas. Aqueles o recobrem com suas fórmulas ribombantes ou com sua pesada cal. "Aqueles" — quero dizer: "nós". Afinal, é muito raro, falastrões que somos, que nossas palavras mantenham a palavra.

30. Perguntar-se o que significa falar é fundamental para o cristão e para o filósofo. O filósofo, ao menos desde Aristóteles, define o homem como "o animal dotado de *logos*", traduzindo-se *logos* por razão ou por palavra

(tanto a palavra interior do pensamento quanto a palavra exterior da voz). A palavra especifica o homem e o distingue dos outros animais. Falar do humano é, portanto, falar da palavra, e mais fundamentalmente colocar-se à escuta da palavra em si.

O cristão lê no começo do Evangelho segundo São João: *En arché én ho Lógos* — "No princípio era o Verbo", o que poderia ser mais bem traduzido por "Na origem era a Palavra". "Palavra" é o nome do Filho que revela o Pai no Espírito. Falar de Deus é, portanto, falar da Palavra, e mais fundamentalmente colocar-se à escuta da Palavra no seio da Igreja, que é Corpo e Espírito da Palavra feita carne.

Certamente há um infinito que separa a palavra da Palavra, a humana da divina. Esse infinito explica, sem dúvida, essa diferença na tradução latina, que deseja que o logos humano seja designado pelo termo "razão", e o logos divino por "Verbo" (embora, em Tomás de Aquino, nosso pensamento seja também definido como "verbo interior", e nossa palavra articulada, como "verbo exterior"). Essa diferença de tradução neolatina ou latina pode, no entanto, levar-nos a esquecer de que se trata da mesma palavra na dupla tradição grega da filosofia e da teologia. Esse esquecimento seria desastroso. *Traduttore traditore*, diz o provérbio. Neste caso, seria um crime de alta traição. Quem sabe se a história não teria sido diferente se tivéssemos aceitado manter um termo idêntico? Talvez não ignorássemos tanto a "troca admirável". Talvez tivéssemos reconhecido melhor o abismo de nossa palavra cotidiana e a proximidade da Palavra divina.

O infinito que distingue palavra e Palavra não é apenas separação. É também relação. A Palavra criou nossa palavra, embora nossa palavra, por finita que seja, não deixa de ser participação na Palavra criadora. Na fonte mais original e mais silenciosa, a palavra humana não deixa de ir à fonte da Palavra divina e, por isso, falar de nossa palavra mais humana, voltar na corrente do sopro, chegar perto do segredo de seu verbo, só pode nos levar a falar de Deus.

Falar de nossa palavra e falar de Deus são a tal ponto análogos que apresentam ambos o mesmo problema. Quando Teresa d'Ávila se prepara para falar do Altíssimo que habita as profundezas do castelo da alma humana, ela evoca da seguinte maneira o caráter aparentemente absurdo de sua empreitada: "Parece insensato dizer a alguém para entrar no aposento onde já está".[2] Deus não está em outro lugar, mas aqui, então, como procurá-Lo? Deus não é uma coisa, que ocupa uma região espaço-temporal, então como encontrar um caminho? Martin Heidegger enfrenta o mesmo paradoxo quando se prepara para falar da palavra que é também o lugar de toda reflexão sobre a própria palavra. Ele escreve, fazendo eco a Teresa: "Gostaríamos apenas de tentar chegar uma vez ao exato lugar onde já estamos".[3] Pode o mais próximo ser também o mais distante? O mais íntimo, o mais transcendente?

---

[2] Teresa d'Ávila, *As Moradas do Castelo Interior*, I, 1, 5.

[3] Martin Heidegger, "Die Sprache", em *Acheminement vers la parole*, trad. J. Beaufret, Gallimard, col. "Tel", 1976, p. 14.

No entanto, se nossa palavra tem seu princípio na Palavra, e se nosso Criador não está em outro lugar nem mesmo ao lado de sua criatura, toda a nossa odisseia tem apenas este fim: chegar onde já estamos, entrar no aposento onde já estamos, não deixar o aqui e o agora, mas passar do aqui embaixo para o aqui no alto, o que não tem a ver com o deslocamento local, mas com a intensificação da nossa presença perante aquilo que já está presente.

A comunicação ensurdece

31. Antes de tentar entender o que significa falar, gostaria de mostrar por que, em geral, não entendemos. Uma primeira observação vem à mente: não enxergamos mais o que sempre temos diante dos olhos, não ouvimos mais o que sempre está em nossos ouvidos. Aqui, no entanto, trata-se de outra coisa: se não tentamos saber o que significa falar, é porque estamos preocupados em dizer o que nós mesmos queremos, caprichosamente. A palavra nos aparece primeiro como meio de expressão e de comunicação.

É isso que pressupõe nosso título: a questão *como falar de Deus hoje?* relaciona-se menos com um mistério de comunhão do que com um problema de comunicação, e de comunicação eficaz... Trata-se de, por meio da palavra, exprimir a fé e comunicá-la aos outros. A palavra em si não é uma dificuldade: o que é difícil é falar do Verbo.

Essa ideia de uma facilidade de falar de qualquer coisa e de uma dificuldade de falar de Deus, nossa mente não a forjaria assim espontaneamente se tivéssemos usado a mesma palavra *logos* para designar ao mesmo tempo nossa palavra e a do Filho do Altíssimo. Teríamos, no entanto, talvez, caído na ideia contrária — fundamentalista ou ateia, segundo a qual é muito fácil, ou fácil demais, falar de Deus. A menos que não tivéssemos considerado ao mesmo tempo a distância infinita e a relação íntima entre nosso verbo e o Verbo de Deus. Nesse caso, a verdadeira palavra não nos teria parecido tão fácil, e não a teríamos considerado um instrumento que manejamos bem, mas a considerado algo como o mar, sabendo que ele que nos leva antes que o levemos, e nos preparando para os perigos do grande oceano.

32. A pergunta "Como falar de Deus hoje?", entendida como questão de comunicação eficaz, contém dois pesados preconceitos em relação à palavra. O primeiro é que meu pensamento (e, mais especialmente aqui, minha fé) já existiria plenamente constituído fora da própria palavra, pois ela seria apenas um meio de expressar esse pensamento, isto é, de espremê-lo para fora de mim, no sentido do outro. Porém, o que é um pensamento que estaria em mim inarticulado, informe, anterior ao logos e, portanto, independente da lógica? Isso não é pensamento, mas efervescência afetiva. Aqui entramos no patético, lacrimejante ou colérico, amargo ou xaropento, entusiasta ou indignado.

Quando cremos que o pensamento existe fora da palavra, e que a palavra é apenas um meio de expressar esse pensamento, logo o importante passa a ser não aquilo que pensamos, mas aquilo que *sentimos*. O benfeitor democrático parece preparar um espaço de diálogo ao ordenar: "Exprima-se!". Na verdade, ele impede que você seja contemplativo ou meditativo. Ele apenas proporciona um espaço para arrotar: "A sua opinião, agora! Seu sentimento, rápido! Sua reação *no calor do momento*, a pesquisa vai sair agora! A verdade não está na espontaneidade?". Essa generosa convocação é para ouvi-lo... excluindo o seu entendimento. "Exprima-se!" equivale a: "não se recolha!", "Sobretudo, não pare para pensar!", "Seu pensamento já está pronto e só falta colocar no micro-ondas!". O que você pode produzir nessa hora? A platitude da moda, o clichê que flutua no ar do tempo... Não se trata, aliás, de exprimir *alguma coisa*, mas de exprimir-se, isto é, de expor aquilo que passa na sua cabeça — nada que seja muito demorado para entender. E identificamos essa "liberdade de expressão" com uma "liberdade de pensamento" quando essa é a ordem para renunciar à paciência de todo pensamento verdadeiro, ao balbucio de toda palavra nova. Essa enorme licença coincide com a censura mais insidiosa e implacável: tudo o que não pode ser reduzido ao *slogan* publicitário, que não é efusão patética, que exige a duração de uma verdadeira conversa, torna-se absolutamente inaudível.

Quando a palavra é concebida antes de tudo como meio de expressão, ela se torna imediatamente meio de opressão. Você fica privado da palavra como lugar de reflexão atenta, e assim se condena ao reflexo condicionado. Você exprime sem ter recolhido e, por isso, espreme seu limão raquítico, que não dá suco nenhum por não ter amadurecido o tempo suficiente à sombra de suas folhas.

33. A palavra concebida como meio de comunicação transforma-se na mesma tagarelice: comunicamos sem cuidado, sem ter gestado nada de antemão, e parindo menos do que vento, mas com a *hashtag* do lado. Daí o paradoxo da nossa era: quanto mais desenvolvemos os meios de comunicação, menos temos o que dizer. É preciso apenas encher a "página", rabiscar o "mural", alimentar o "blogue", qualquer coisa serve, da tira de humor às fotos do fim de semana... Mas a "comunicação" nos leva ainda a outra propensão: a do *efeito imediato* sobre o comportamento.

De fato, em nossa era, tão superior às eras anteriores, a comunicação é tomada como parte do domínio mais vasto, e aliás universal, que podemos chamar de estratégia comercial. Ela se gaba de induzir uma "população-alvo" a comprar o pó antirrugas *Liftlife* ou o carro ecológico *Direito-do-Plátano*. Comunicar é incitar ao consumo. E, se você comunica de um jeito que produz um resultado automático (as multidões precipitam-se delirantes para a sua loja), você é um grande comunicador, porque soube reduzir o homem ao nível dos animais.

O que é a comunicação animal, de fato? O contrário do diálogo: um sinal que provoca um comportamento. Passo diante de um portão, o cachorro late do outro lado, o que acarreta a reação em cadeia de todos os cachorros da vizinhança. Seria uma conversa canina? Rex e Médor dialogam a respeito da minha pessoa e da natureza da ameaça que constituo para a propriedade de seu dono? Eles apenas ouviram o sinal de perigo, que é também o gatilho do latido. Esse é o horizonte da magia comunicativa: uma palavra eficaz que faz o príncipe virar sapo e não resistir ao coaxar da sapa.

34. Não se trata apenas de comerciantes e políticos. A mãe de família também sonha com esse poder: "Ah! Se as crianças arrumassem o quarto quando eu peço!". Falar de arrumar o quarto pode parecer tão difícil quanto falar de Deus... E a mãe, assim como o pregador, adoraria "se fazer obedecer sem gritar". Ela frequenta oficinas de "comunicação não violenta", assiste outra vez *A Noviça Rebelde* e *Mary Poppins*, sonha que seus filhinhos sejam obedientes como os lindos patinhos atrás da mamãe pata, mas essa é a finalidade da palavra maternal? Ela precisa se esforçar para transformar em pato o patinho feio? Ela se realiza na confusão entre educação e criação? Não é preciso que, antes, ela procure criar e encontrar essa criança segundo sua personalidade insubstituível, para que ele não precise mais obedecer aos pais, mas o Pai da Palavra eterna, que o torna livre perante todas as convocações do mundo? Notem, Eminência, meus caros irmãos e irmãs, que aqui não estou rejeitando a obediência. A obediência é justamente uma dimensão essencial de nosso ser de palavra: obedecer é ouvir, e o "Ouve, ó, Israel" contém o mais alto mandamento. É precisamente porque a obediência não é apenas um meio

de organização doméstica que é bom que os filhos nem sempre obedeçam. Mesmo que esse filho seja o Cristo, e que sua Mãe seja a Virgem Maria. A verdadeira obediência o obriga a se recusar a submeter-se: "Não sabiam que eu devo estar na casa do meu Pai?" (Lucas 2,49).

Imaginemos agora um evangelizador dotado de uma capacidade fulminante de conversão. Ele chega a algum lugar, diz algumas palavras, e eis que todos os incréus pedem o batismo. Ele chega a outro lugar, acontece a mesma coisa. E assim ele vai, de bares a estádios, de casas de tolerância a assembleias nacionais, melhor que Jesus, melhor do que Pedro e Paulo: por todo lugar onde ele passa, todos se convertem, inteiramente subjugados. Quem não percebe que esse seria o pior dos mal-entendidos? Ele nunca encontraria irmãos, só escravos. Não acolheria filhos do Pai: multiplicaria os carneirinhos.

A eficácia evangélica não é dessa ordem bestial. É, antes, de ordem crucial. Ela passa pelo diálogo e, portanto, pelo drama. Sua palavra faz arriscar a pele e a cabeça. Seu testemunho também é chamado de martírio. Quanto mais o evangelizador que se quer comunicador infalível e invulnerável tiver pervertido a Palavra, mais o missionário que cozinha no caldeirão da tribo provavelmente a terá levado ao limite. A cruz não é apenas um simples mal-entendido. Você pode ser pregado justamente porque entendemos muito bem o que você queria dizer. O que a Palavra quer dizer. Não foi exatamente isso que lhe aconteceu quando ela se tornou carne?

35. Porém, voltemos à nossa palavra humana e vamos ouvi-la falar mesmo antes que a convidemos a dizer antes isto do que aquilo. Basta a menor atenção para que percebamos que ela nos ensina a ultrapassar os mais obstinados dualismos. E, em primeiro lugar, aquele que opõe matéria e espírito. Por exemplo, digo: "*Dieu*", e formo essas duas sílabas com minha carne, tocando os dentes com a língua, e em seguida "afastando os cantos da boca na direção das orelhas" antes de deixá-los voltar, relaxando ligeiramente a mandíbula: "*Di-eu*", e, por homofonia, em francês, podemos ouvir o seguinte imperativo: "*Dis: Euh...*",[4] que nos ordena a manifestar nosso embaraço. Vocês estão vendo: emito sons e vocês entendem o sentido, faço coisas com meu corpo e isso toca a sua mente. É como se o anjo se metamorfoseasse em bicho para se re-metamorfosear em anjo: meu pensamento se torna ruído na oralidade, garranchos na escrita, e esses ruídos, esses garranchos, nos seus ouvidos, diante dos seus olhos e dentro da sua cabeça, tomando outra vez a forma de um pensamento. Na palavra, o material e o espiritual têm um matrimônio indissolúvel. Para dizer esse milagre ordinário, ao comentar um hino de Hölderlin, Heidegger diz algumas frases belíssimas:

---

[4] Naturalmente, seria impossível reproduzir o trecho com a palavra portuguesa "Deus". Mas é preciso observar que o sentido de "*Dis: Euh...*" é "Diga: Ahn...". (N.T.)

"A palavra é a flor da boca. Nela floresce a terra ao encontro da floração do céu".[5]

Mas consideremos outra experiência: estou só e rejeito toda companhia. Sim, detesto vocês todos, não quero ninguém por perto. Vão embora, Eminência, meus irmãos e minhas irmãs, e você também, minha mulher, estou contra vocês todos! Bem, ao dizer isso, ainda estou com vocês. Falando sozinho contra todos, uso palavras que recebi com todos. A afirmação verbal do meu individualismo se contradiz sozinha, porque é proferida a partir da herança comum. E mesmo quando penso sozinho, quando invento frases novas, quando me recolho na maior intimidade, é com essa língua que me liga a toda uma comunidade linguística, com termos que pertencem a todos. O dualismo entre indivíduo e sociedade mostra-se inviável. Por meio da palavra, minha personalidade distingue-se na coletividade, e meus gestos mais inéditos vão encontrar expedientes no que já foi dito. Só posso dizer "eu" e conhecer a mim mesmo com base na língua que recebi de meus pais, os quais a receberam de seus pais, numa tradição ininterrupta, cujo objetivo não é a repetição do processo, mas o advento de pessoas a cada vez inauditas, e até primeiras (dizer "eu" é falar em primeira pessoa, mas essa primeira pessoa do sujeito é segunda no tempo — a criança curiosamente começa pela objetividade do "ele" — e ela permanece sempre concomitante às outras pessoas — só posso dizer "eu" porque posso

---

[5] Martin Heidegger, op. cit., p. 191.

dizer "tu", e, inversamente, de modo que a primeira certeza cartesiana, "eu sou", implica também necessariamente outra certeza: "tu és").[6]

A palavra, portanto, não tem essencialmente a mesma eficácia que a comunicação dos bichos. Ela não é feita de sinais que desencadeiam comportamentos predeterminados. Ao contrário, como acabamos de dizer, ela permite a representação, faz que uma pessoa se distinga como um eu e se declare dentro de uma liberdade irredutível (porém, paradoxo mencionado anteriormente, essa liberdade só aparece no interior de uma comunidade). Falar verdadeiramente torna o outro mais livre, e, portanto, mais outro, abrindo espaço para sua crítica. O fato de dizer *tu* a um menininho, indicar-lhe que ele se chama Maurice, por exemplo, que é filho daquela mamãe e daquele papai, e legar-lhe o vocabulário e a gramática que lhe permitem distinguir-se do mundo, é um caso exemplar desse poder da palavra, no qual, ao dizer a um ser o que ele é — a saber, no caso, uma pessoa –, ele distingue-se dos outros e pode tornar-se verdadeiramente ele mesmo, a ponto de criticar o legado da família.

36. Falar assim não é produzir, inicialmente, disposições afetivas e reações estereotipadas, mas *dizer o que é*, arrancar algo da massa anônima de afluxo sensorial e reconhecer esse algo no que tem de distinto. Não damos atenção suficiente a esse fato banal e atordoante:

---

[6] Devo essa observação a meu amigo Olivier Rey.

as coisas são *nomeáveis*. Assim como a palavra ainda há pouco nos ensinava a superação do dualismo entre matéria e espírito, entre indivíduo e coletivo, ela nos ensina a unidade do mais interior e do mais exterior. Nomeio esta árvore "faia", e eis que sua essência se encontra, ao menos confusamente, em minha mente, que já a distingue do carvalho e da epícea.

É a célebre e inesgotável observação de Aristóteles: "A alma é de certo modo todas as coisas". A alma que fala pode nomear tudo, e, assim, acolher tudo. A palavra faz que nos comuniquemos com todos os seres, e essa comunicação não é para submeter tudo às necessidades da nossa espécie, à nossa utilidade, à nossa sobrevivência, mas para nos abrir ao mundo tal como ele é; para estabelecer nossa fraternidade com a faia e com o condor, com a pulga e com a galáxia, com a lava-roupa e com a tia Hortense, enfim, com qualquer coisa (que a partir de então deixa de ser qualquer coisa). É tipicamente humano não falar da vida do homem, mas da vida da oliveira da Provença ou da tartaruga das ilhas Galápagos (talvez por causa dessa abertura fundamental para a objetividade que permite que a criancinha comece por "ele"). Como a capacidade de acolher o outro como outro, a palavra marca de início os limites do humanismo: como centrar tudo no homem se o homem por natureza se descentra? Tomemos por exemplo o irmão Gregor Mendel, espécime de nossa espécie sempre aberta para aquilo que não é ela. O que ele faz? Ele reza para Deus e estuda as ervilhas.

Não é diretamente ao homem que seus dias são dedicados. O conhecimento da ervilha focaliza sua atenção. Depois dos salmos, ele se concentra na vida da ervilha, e até mesmo na sexualidade da ervilha. É por isso que ele é humano. É assim que ele se torna o pai da genética. (E é até nisso que ele imita os usos divinos, pois Deus é o autor amoroso e atencioso da ervilha.)

Eis o ponto capital: enquanto os outros animais, por sua comunicação, reduzem tudo o que existe ao circuito de sua utilidade, o homem, por sua palavra, vai além do que lhe é útil, e designa as coisas tais como são. E aqui compreendemos o erro da "comunicação estratégica" e das seduções retóricas. A eficácia de nossa palavra não se encontra essencialmente no poder de produzir nos outros um comportamento que nos é favorável: ela reside no poder de libertar a própria vocação deles.

37. "Dizer o que é" não é produzir uma linguística dupla do mundo sensorial. Um duplo assim seria perfeitamente supérfluo, ou tornaria supérfluo o dom de nossas sensações: a questão seria esgotá-las todas com um discurso a tal ponto que ele nos dispensasse de sentir. Essa empreitada seria não apenas vã e indefinida, mas também desde o começo impossível. Nossas sensações nos apresentam coisas singulares, ao passo que nossas palavras são os sinais de noções gerais. Digo: "Este caderno é vermelho", posso até mesmo especificar dizendo "vermelho fúcsia", mas nunca direi o vermelho muito particular que tenho diante dos olhos, e que, aliás, talvez

não seja o mesmo para vocês, segundo as particularidades das suas retinas, da sua posição nesta sala, das incidências da luz, etc. Diante deste buquê, posso dizer: "São flores". Mas "flor" é um substantivo comum, que vale para todas as flores e que não apreende estas flores aqui em sua identidade singular. A flor universal não existe como tal, mas apenas nas realizações individuais. Mallarmé exprime isso numa frase célebre: "Digo: 'uma flor!' e [...] musicalmente se ergue, ideia própria e suave, a ausente de todos os buquês".[7]

Então a palavra me faz passar ao largo do sensível? De fato, falo em "flores", mas, absorvido por essa categoria geral, não vejo mais cada um desses cálices em sua unicidade. É preciso então crer, com os nominalistas, que as palavras nos impedem de contemplar as coisas e nos fazem enxergar apenas as etiquetas sobrepostas a elas? Suponhamos, no entanto, que a linguagem tenha o poder de represar todas as particularidades sensíveis. O que aconteceria? Aí, então, é que nos desviaríamos das coisas. Iríamos nos contentar com seu simulacro linguístico. Nós as abandonaríamos por seu duplo vestido de frases, e pararíamos de prestar atenção nelas. Produzir esses simulacros não é a vocação da palavra. A distância que ela instala entre o substantivo comum e a coisa singular possibilita uma proximidade mais profunda.

---

[7] Stéphane Mallarmé, "Avant-dire" do *Traité du Verbe* de René Ghil ["*avant-dire*" é um neologismo de Mallarmé que poderia ser traduzido como "dizer-antes" (N.T.)].

Ao dizer "flor" ou "ófris", não colho esta ófris particular, mas colho sua essência: digo que ela foi feita para florir. E, ao mesmo tempo, ao colher sua essência, recolho um mistério: por que ela floresce? Por que seu ser singular? Por que sua pétala tigrada, com a qual ela atrai um inseto cuja existência ela ignora? Por que sua beleza me toca o coração, eu que não sou ófris nem zangão?

38. "Nomear não é distribuir qualificativos, usar palavras. Nomear é chamar pelo nome. Nomear é chamamento. O chamamento torna mais próximo aquilo que chama".[8] Essa constatação rudimentar faz que nos aproximemos do segredo da palavra. A palavra chama, isto é, ela instala uma morada na qual as coisas podem vir, e até vir a si mesmas. Chamar, em latim, é *vocare*. A palavra revela a vocação de cada ser.

Quando os pais falam com seu filho pequeno, quando se dirigem a ele com palavras ternas, atualizam sua aptidão para o *logos*, instalam para ele a morada onde ele poderá se tornar ele mesmo aberto ao mundo. Sem esses chamamentos por cima do berço, a criança acabaria morrendo, ou não conseguiria aceder à própria humanidade. Esse apelo é, para ele, primeiro como uma música (nossa primeira relação com a palavra é de certo modo musical). Em si, são articulações insignificantes, mas ele só percebe modulações afetuosas, e é pouco a pouco que dessa música vai se desprender o sentido (sem jamais esgotá-lo), e que

---

[8] Martin Heidegger, op. cit., p. 22.

ele vai conseguir reproduzir em sua boca as articulações do próprio real, invocar cada coisa à sua posição própria para levá-la a tocar sua partitura da melhor maneira. Ele vai responder ao chamado dos pais, para que ele próprio possa chamar também.

Seus pais só o chamam por terem primeiro ouvido e respondido o chamado da palavra, lançado por seus próprios pais. E assim por diante, de geração em geração, até os primeiros pais da humanidade, os quais responderam a um primeiro chamado misterioso (chamado que não era humano, pois eles eram os primeiros, e que não era apenas animal, sem o que eles jamais teriam podido tomar a palavra).

39. Essa vocação permanece verdadeira, ainda que de outro modo, quando nomeamos animais, plantas, e até pedras. Em que sentido falar de uma flor é chamá-la?

O chamamento pode realizar-se de várias maneiras: científica, poética ou metafísica. Em cada um desses casos, vou dizer o que é a flor, e quanto mais eu a fizer vir à luz da palavra, mais declararei seu mistério. O botânico falará de sua fisiologia e poderá surpreender-se com sua geometria, com sua fotossíntese, ou com sua simbiose com um inseto. O poeta falará de sua ressonância simbólica com o universo e com o drama da existência humana, e poderá escrever uma elegia sobre o acontecimento de sua beleza trágica (porque ela murcha). O metafísico falará da flor como existente, e, buscando a origem e o fim de sua presença, maravilhar-se-á com a Causa Primeira em que ela mergulha suas raízes e para a qual abre sua corola.

A planta não precisa da palavra para ser ela mesma, e, no entanto, quando ela é compreendida, cantada, pensada, oferecida, quando ela entra no recolhimento de uma meditação, ou na celebração de um amor, ela chega a uma vida superior, abre sua flor mais bela, que é "uma floração da boca": ela atinge a consciência dentro da nossa consciência e espalha seu perfume mais inebriante, que é um perfume de espírito.

Como a palavra "flor" lhe permite apreender o que é uma flor em geral, o homem pode tornar-se horticultor ou florista. Pode *cultivar* a flor por ela mesma, ao passo que a borboleta a saqueia e a cabra a pasta. A cultura não é aquilo que contraria ou que esmaga a natureza, mas aquilo que a prolonga e a realiza. É por isso que por meio das palavras a inteligência recolhe a natureza específica de um ser, que ela pode servi-lo tal como é, segundo sua vocação, e conduzi-lo a seu desenvolvimento. Como nomeei a rosa, e reconheci sua beleza, posso repelir as doenças e os parasitas que ameaçam uma rosa sensível (se para mim só existisse o particular, eu jamais poderia cuidar de uma coisa, porque não poderia ver como ela está afastada de sua natureza e de sua perfeição), e posso até podar o roseiral para que dê flores mais radiantes, ou cultivar variedades novas, até a rosa tornar-se de um vermelho que diz a glória do sangue... Como nomeei a vinha, posso ser vinhateiro, podá-la para que as uvas abundem, e até permitir a "podridão nobre", que permite à fruta concentrar seu açúcar e transformar-se no Sol licoroso do Sauternes. — O vinho, seria possível objetar, atrai a vinha para nossos interesses, para nosso prazer, e nos leva a nossa própria utilidade fechada: em quê ele realiza a vocação da vinha selvagem? Em quê, ao nomeá-lo ele nos distingue do chapim que bica a esmo? — Primeiro, porque, de outro modo, a vinha teria apodrecido ali, sem nutrir uma aspiração mais alta. Depois, porque, ao tomar um Château d'Yquem, o homem não se contenta em garantir a vida ou em distrair-se (bastam a água e a Coca). Ele se abre à bondade de uma terra, ele chama a uva à sua razão de ser última, que não é alimentar um bico, mas levar um fruto de louvor, engendrar cachos de canções...[9]

---

[9] Aqui tento me aproximar da essência da palavra, aquela que é sugerida pela filosofia e mais ainda pela Bíblia, quando Adão é formado para *cultivar o solo*, e quando seu primeiro ato é *dar nomes aos animais selvagens e a todos os pássaros do céu*. Essa *nomeação* não é primeiramente uma instrumentalização. O desfile dos animais diante do homem (e podemos acrescenter a plantação prévia de árvores *bonitas de ver* antes de serem *boas de comer*) é para que ele encontre uma *ajudante que esteja em harmonia com ele*, digamos até uma amiga, uma companheira, que só é plenamente dada com a mulher. O chamamento das coisas situa-se sob esse horizonte nupcial. Não se trata de dominação, mas de aliança. Essa essência da palavra é, no entanto, ignorada, como vimos anteriormente, e sua vocação é pervertida. Por meio da tagarelice, do "*express yourself*", da "comunicação", a nomeação universal decai ao nível da mobilização geral. Quando os pais chamam, é debaixo dos seus paninhos. Assim, Eva depois da queda chama seu primeiro filho de Caim, isto é: "eu adquiri". A vocação original do filho é substituída por sua *valorização* patrimonial. Será preciso que ele seja bem-sucedido; daí a inveja que ele tem do irmão. Acrescentemos que as crianças começam a chamar os homens de "papai" e de "mamãe". Ora, eles logo se dão conta de que seu pai é primeiro um filho, e um filho também malcriado, que ora é bonzinho, ora é tirano. Como não acabariam por censurá-lo? Como não o acusariam de tê-los feito mentir ao chamá-lo de "pai", se

Entre o inefável e o indizível: a oração e o canto

40. Mas vamos além das palavras específicas, isto é, que designam uma espécie, como a vinha, o mármore, ou o homem. Ouçamos as palavras mais ordinárias e as mais comuns. Penso naqueles "adjetivos" que nascem com nossas experiências mais banais. Por exemplo, como penne com molho de tomate, e digo: "É bom". Desse prato rapidamente comido, minha palavra logo desprende a noção de bondade, a qual nunca esgotarei com tanta rapidez. É incrível, porque há uma distância entre a noção em si mesma e o penne que permite que ela seja abstraída. O penne é bom, claro, mas não é *o* bom. Sua bondade é fugidia, sensível, parcial. Ela não sacia em nada minha fome de sabedoria, por exemplo (embora eu possa meditar metafisicamente sobre a existência do penne, ou poeticamente sobre seu símbolo: ser um vazio ensanguentado pelo molho de tomate). Ela pode até terminar mal, caso eu devore até não aguentar mais e ter indigestão. No mesmo momento em que digo que o penne é bom, é como se eu o ouvisse responder: "Sim, sou bom, não sou a bondade em si...".

---

ele não responde inteiramente a esse nome? Para atravessar essas disputas sem fim, como pressentimos, a Palavra precisa vir, fazer-se carne, e "converter o coração dos pais para os filhos, e o dos filhos para os pais" (Malaquias 3,24) — nos dar seu Espírito, a fim de que possamos então dizer absolutamente, em verdade, nossa primeira palavra de crianças: *Abba* — papai (Romanos 8,15).

É a mesma coisa, claro, quando uso as palavras "belo", "verdadeiro" ou "existente". Se digo, por exemplo: "Sim, o Milan de fato venceu o Real Madrid por 3 a 0", afirmo algo de verdadeiro, proponho a noção de verdadeiro, mas esse verdadeiro resultado de futebol não é *a* verdade, aquela que elucida toda existência. Quanto ao verbo "ser", ele *é* o mais comum e o mais misterioso. Posso dizer que Monica ou mesmo um pernilongo existem; que são e, ao fazer isso, uso uma noção que não se realiza absolutamente neles. Porque existe um tempo em que eles não eram, e um tempo, sem dúvida, em que não serão mais. E também porque seu ser atual é limitado: ele não exibe todas as perfeições do ser. Monica certamente assume mais perfeições do que o pernilongo (se ela zumbisse à minha volta, eu tiraria mais proveito disso do que do zumbido do pernilongo, que de bom grado extermino com um tapa), mas ela, de jeito nenhum, esgota todos os esplendores daquilo que pode existir (de resto, essa é uma das razões pelas quais posso me desviar de Monica para me interessar pela reprodução de pernilongos em zonas pantanosas, por exemplo).

Mal comemos o penne, soubemos o resultado do jogo, ou admiramos a presença de Monica, ficamos aflitos. Cada qual nos deu um antegosto de algo que ainda nos foge. As palavras que empregamos para qualificá-las, verdadeiro, bom, belo, ser, remetem a noções puras que se aplicam menos propriamente às criaturas do que Àquele que é a Verdade, a Bondade, a Beleza, o *Ipsum esse subsistens*, como dizem os metafísicos (ainda que essas palavras lhe sejam atribuídas segundo um modo de significar infinito, que, ao mesmo tempo que o aproxima de nós, aprofunda ainda mais o abismo).

Para essas coisas totalmente banais, a palavra não para de nos remeter ao inefável. Nietzsche confessava isso dolorosamente: "Temo que não possamos nos livrar de Deus, porque ainda acreditamos na gramática".[10] Falar em verdade com base nesse suculento penne com molho de tomate é usar um termo que chama o Céu. Parafraseando o Evangelho, poderíamos dizer: "Por que dizeis que o penne é bom? Só Deus é bom" (Lucas 18,19). As palavras de todos os dias apontam espontaneamente para o Eterno. Mesmo que nos julguemos ateus, ou mesmo que façamos de nossa fé cristã uma exceção orgulhosa, nada podemos nesse ponto: basta que os lábios ainda vermelhos de molho digam "Que bom" e eles já prometem, sem saber, pelo buraco do penne, o bom Deus.

41. À luz da palavra, as coisas prometem mais do que têm. Sua bondade nos faz entrever a bondade que ainda nos escapa. A tal ponto que o antegosto dado pelo penne pode deixar um retrogosto de amargura: aquele penne com molho de tomate que minha avó fazia, ainda que carregados de ternura, ainda que já — de maneira módica e impotente — "eucarísticos", esse penne não salva. Ele não pode nada contra o mal e contra a morte.

---

[10] Friedrich Nietzsche, *Crepúsculo dos ídolos*, em: "A 'razão' no filósofo", § 5.

Eis por que chamar as coisas é também pedir socorro. O chamamento torna as coisas próximas, mas, ao torná-las próximas, também revela o mal que as corrói e o bem que permanece inacessível. Quando chamo "Monica", reconheço ao mesmo tempo que, de um lado, Monica também não é inteiramente ela-mesma, alienada pelo coquetismo, por exemplo, e diminuída por uma cistite, antes de deitar-se definitivamente no caixão; por outro lado, reconheço que sua beleza é como que a iminência de uma revelação interrompida, antecipação de um paraíso que se furta. Do lado do bem, esse acréscimo daquilo que a criatura promete em relação ao que ela tem é chamado de indizível.

O indizível e o inefável são dois transbordamentos da palavra, um por falta, outro por excesso. As grandes dores são mudas; as grandes admirações, boquiabertas. E umas rivalizam com as outras por nos tomar pela garganta. O indizível e o inefável contestam-se e contrastam-se. Contestam-se porque o indizível impõe o domínio do nada, ao passo que o inefável testemunha a promessa do ser. Eles se contrastam porque o inefável torna o indizível ainda mais indizível (diante da promessa do bem, o mal parece ainda mais escandaloso), e o indizível torna o inefável ainda mais inefável (diante do domínio do mal, o bem parece ainda mais surpreendente).

A palavra só subsiste na tensão entre esses dois silêncios, o do sopro do céu no coração, o da pá de terra na boca. Se ela relaxa essa tensão extrema entre o indizível e o inefável, ela resvala na tagarelice ou dissipa-se na "comunicação". A palavra só se eleva ao confessar aquilo que a corta.

42. Isso também pode ser enunciado da seguinte maneira: a verdade da palavra humana deve trazer a verdade da existência humana; ora, o que é a verdade da existência humana? Que existe uma alegria de viver e que vou morrer. Uma palavra só é profunda se traz ao mesmo tempo a consciência da morte e o desejo da alegria. Só é verdadeira se suporta esse dilaceramento da nossa condição: "Quero a alegria e, no entanto, estou voltado para a morte, e não apenas para a morte física, mas também para a morte moral, espiritual, que me desvia do bem". Esse dilaceramento da palavra contém um grito de apelo dirigido a um Salvador.

Tomemos as simples palavras "eu te amo". Se você diz "eu te amo" a alguém, e Deus sabe que isso acontece com todo mundo, qualquer que seja sua crença, como levar até o fim essa pequena frase? Admitamos que essas palavras mantenham a palavra, isto é, que eu não esteja mentindo, que eu diga "eu te amo" de verdade, o que isso quer dizer? Quer dizer "estou feliz por você existir, e por isso reconheço, Georgette (suponhamos que esse seja o nome da amada), que a sua existência é um dom bem-aventurado". Isso equivale a: "Quero que você exista, você, Georgette, e não outra, mas você, você em especial". O que significa ainda "quero o teu bem, *ti voglio bene*". Sim, *ti voglio bene.* Mas como posso impedir o apodrecimento, a infidelidade, a baixeza? Esse bem que quero para ti, esse bem de uma vida que jorra, do seu rosto radiante para sempre, não tenho a capacidade de dar. E o inefável ao qual o amor tende choca-se com ainda mais força contra o indizível.

43. Aquilo que a palavra quer nos dizer, em última instância, é ouvido nesse choque do indizível com o inefável. Primeiro há esse inefável que nos é dado por meio da presença das menores coisas: as massas com molho, óbvio, um nascer do Sol, o rosto de uma mulher, as gargalhadas de uma criança... Ao chamar as coisas pelo nome, a palavra se faz canto, porque ela reconhece o dom de alegria que traz consigo cada existência como tal.

Contudo, ainda existe o indizível: as massas ficam indigestas, o negrume das nuvens impede o Sol de nascer; a mulher tem o rosto marcado pela idade, deformado pela doença ou desfigurado pela amargura e pela inveja; a criança que ria ainda há pouco pode ter morrido ou se tornado um velho imbecil... Ao chamar então as coisas pelo nome, a palavra faz-se oração porque exige que cada coisa chegue à realização de uma presença que por ora está arruinada pelo mal.

A título de verificação, podemos tomar o caso de um grande escritor francês, do qual gosto muito, e que é detestável. Trata-se de Louis-Ferdinand Céline. "Católico" ele não é, é o mínimo que podemos dizer. Nem mesmo "moral". Porém, sua vantagem sobre muitos outros está em ser "contra as ideias". Para ele, só o estilo importa. Ele não busca dizer alguma coisa, comunicar uma mensagem, transmitir uma tese. O que lhe interessa não é a mensagem, mas a música. E é por isso que às vezes ele permite entender o que significa falar, antes de toda revisão da palavra por uma ideologia (e antes até de sua revisão pelo próprio Céline). Assim como Mallarmé quer "dar um sentido mais puro às palavras da tribo", Céline só tem um objetivo: "ressensibilizar a língua", "reencontrar nas palavras o canto da alma"...[11] *Ergo*, no fundo das palavras há um canto, e esse canto é o da alma que "palpita mais do que raciocina", da alma entregue àquilo que a excede... "Partimos para a vida com conselhos dos pais. Eles não aguentaram diante da existência. Caímos em barafundas uma mais assustadora do que a outra. Saímos como podemos dessas conflagrações funestas meio de lado, meio como caranguejos viscosos, dando para trás, umas patas faltando. [...] Homens do pecado original! Nascidos, é claro, para as batalhas! Palhaços numerados a carne inteira!".[12] Aí está o indizível, que culmina com "a verdade da morte". Porém, lutamos contra essa verdade, o máximo que podemos, porque existe outra, que é a verdade da vida. Toda a arte está nisso: encontrar um acordo em meio a nossas enrascadas, uma harmonia com aquilo que nos desloca, uma canção com aquilo que nos mata... *À noeud coulant*...[13] O sonho de Céline, desde então, é o sonho de uma ressureição — que "jorre para fora do caixão" um "trinar miraculoso de flauta": "Revolucionário das Sombras!

---

[11] Céline, *Carta a Milton Hindus*, 15 mai. 1947.

[12] ID., *Guignol's band I*, Gallimard, col. "Folio", 1989, p. 23, 101.

[13] Referência a uma canção cuja letra foi escrita por Céline. A expressão "*noeud coulant*" refere-se ao laço da forca. (N.T.)

Trovador dos Sepulcros! Saltimbanco estribilhante pelos Antros do Mundo! Quero ser esse! Mas que ambição! E só essa! Pois bem!... Melhor ser rigodão do Eterno do que Império humano calamitoso!".[14] Eis aquilo a que aspira o autor de *Viagem Ao Fim da Noite*: um rigodão do Eterno. Isso é o mesmo que dizer que ele será imediatamente católico? Não. É a palavra ela própria, antes de qualquer teorização, antes de qualquer religião, que postula essa fé.

44. Eminência, meus irmãos, minhas irmãs, vocês compreendem que o falar bem não se realiza na performance oratória ou comunicadora, nem mesmo na altura científica de domínio do assunto. O falar bem se realiza na oração e no canto, isto é, no balbucio supremo, na palavra cortada de indizível, boquiaberta de inefável, *entregando o espírito*... Falar sem tender ao canto ainda não é falar, porque nesse caso não chamamos as coisas de maneira a cercar o mistério de sua presença. Falar sem tender à oração ainda não é falar, porque nesse caso as coisas não são chamadas de maneira a salvá-las da ameaça do nada.

E essa oração e esse canto, repito, não são decisões humanas, não são aditivos, edulcorantes sintéticos vindos de fora. Eles florescem desde a própria palavra, porque ela não fez nada além de chamar as coisas por seus nomes. É isso que a palavra quer dizer. Não há nada a fazer. Basta que digamos que o penne é bom, que a Monica é bonita, que o pernilongo existe ou que o Real ganhou, e nossa palavra

[14] Ibidem, p. 108

já voga na direção do alto-mar, chamar aquilo que é bom, belo, e verdadeiro, já nos fala daquilo que só se realiza absolutamente em Deus, e de que Deus é a causa. Basta até que chamemos "Stanislas", "Christel", "Philippe", que chamemos em verdade, com o coração, para que esperemos ouvi-los sempre responder "presente", e que "os nomes de vocês estão escritos no céu" (Lucas 10,20).

Quando Jesus ressuscitado aparece no Cenáculo, o que ele diz aos apóstolos? Seria o caso de esperar uma palavra extraordinária, um discurso esotérico, vindo diretamente do abismo das sombras. Mas não. Ele diz simplesmente: *A paz esteja convosco*, "*Shalom alekchem*" ou "*Salaam aleikum*". Ele retoma a fórmula de saudação mais cotidiana, o equivalente ao nosso "oi" (ou até "bom dia"), enfim, palavras que já estão em todas as bocas. Nada mais batido. E nada mais novo. Quando desejamos a bondade do dia, a saúde ou a paz, nossas palavras estão à nossa frente: nem a bondade nem a paz advêm com nossa enunciação. Mas eis que o Ressuscitado aparece, e subitamente descobrimos o esplendor escondido sob as cinzas, logo compreendemos que só esse Salvador pode dizer "bom dia" ou "a paz esteja convosco" sem mentir.

Nada podemos aqui: a palavra é crente — mesmo quando sai de uma boca ímpia — a Palavra dá palavra — e a impiedade consiste apenas em não ouvirmos nem assumirmos sua promessa. Porque podemos não ouvi-la. Podemos reduzi-la àquilo que queremos dizer e nunca nos abrirmos àquilo que ela quer dizer. Então entramos em contradição com nosso próprio sopro. É uma espécie de estrangulamento voluntário, para quem não sofre a humilhação de depender do ar ambiente: "Eu me pergunto se o suplício das gerações vindouras não será a tortura por palavras que mentem quanto ao seu sentido original, ideias voltadas contra Deus".[15]

[15] Louis Massignon, *Carta a Paul Claudel*, 5 ago. 1912.

Interlúdio

O ANÚNCIO E SEU MAL-ENTENDIDO

Aprender de cada homem

45. Isso que acabamos de abordar filosoficamente é algo que podemos desenvolver de maneira bíblica: "Este mandamento que hoje lhe ordeno não é muito difícil, nem está fora do seu alcance [...] Sim, essa palavra está ao seu alcance: está na sua boca e no seu coração, para que você a coloque em prática" (Deuteronômio 30,11-14). Falar de Deus não é apenas importar do exterior uma palavra. Essa palavra está sempre presente, em nossa boca, em nosso coração, e nós a carregamos implicitamente nas palavras mais cotidianas. Porém, se essa palavra *a respeito* de Deus está sempre presente de maneira implícita, é porque fomos criados pela Palavra de Deus, e porque, antes mesmo de falar dela, nosso próprio ser é sua proclamação.

O livro do Gênesis revela isso logo no começo. Cada coisa só existe por ser divinamente chamada: "Faça-se a luz! Que a terra produza verdura! Sede fecundos, multiplicai-vos!". Notem que são imperativos. Porém, esses imperativos criadores não são como imperativos morais. O imperativo moral ordena: "Você deve fazer isto" a um ser já existente. O imperativo criador, pelo contrário, faz existir aquilo que não existia. Suas ordens são desejos: elas não vêm para constranger nem mesmo para obrigar uma criatura, elas a constituem, elas estão na origem de sua sede mais íntima.

Assim, quando, em seguida, o enviado de Deus traz seus mandamentos, ele não pode fazer isso primeiro como um moralista que refreia os maus apetites, mas como um feiticeiro que liberta as aspirações mais profundas. Ele menos diz aquilo que devemos fazer do que revela aquilo que realmente somos. Antes de dizer a alguém: "Faça isto! Seja isto!", ele se faz eco da palavra do Criador: "Seja!". E assim ele ama, pois amar é, *antes mesmo de querer o bem do outro, querer que o outro seja.*

46. Não se trata de falar de Deus amando seu próximo, como se pudéssemos em verdade separar um do outro (separar a palavra do amor, e Deus, do próximo). Falar de Deus é indissociavelmente amar aquele a quem falamos, porque é reverberar a Palavra que lhe dá existência e que, portanto, deseja infinitamente que ele exista. Vejam a dificuldade. Sou missionário e eis que fico diante de alguém que me é hostil. Venho anunciar-lhe a palavra de Deus, mas, como essa palavra me diz que Deus é Providência, preciso admitir que foi que Deus que colocou esse canalha

no meu caminho. Por conseguinte, devo antes de tudo cantá-lo, reconhecer que, mesmo que ele me seja particularmente antipático, mesmo que ele seja anticristão, ele é, como pessoa, eternamente desejado desde o alto, e que sempre tem algo a me ensinar. Não necessariamente por seus discursos, pois há pessoas terrivelmente maçantes. Quando um infortúnio desses recai sobre nós, e o chato desenrola o fio viscoso de sua conversa, é sempre lícito admirar o poema de sua cara, o enigma de sua existência, imitando o recuo de um visitante do Louvre ou do Jardim das Plantas de Paris, pois o Eterno — autor infinitamente mais saboroso do que o saborosíssimo Dickens — expõe por toda parte suas obras e sua coleção. Adotando-se essa justa perspectiva, todo fanfarrão revela-se palavra de Deus. De jeito nenhum por suas intenções hostis, claro, mas por sua presença. É a Palavra de Deus que lhe confere o ser. É o amor de Deus que o tira do nada. Ele talvez ignore isso, mas eu, se sou apóstolo do Criador, não posso ignorar. Preciso superar minha antipatia. Antes de tudo, maravilhar-me por ele existir. E essa, no caso, não é uma estratégia de comunicação: não estou tentando ser gentil, tornar-me falso, dar a impressão de estar atento só para vender minhas bugigangas. O que está em jogo aqui é a verdade da minha identidade cristã. Se não sou capaz de me maravilhar sinceramente, por exemplo, diante da existência de Michel Onfray (menciono um ateu da França, mas eu também poderia ter escolhido um fundamentalista do Irã), não sou cristão, porque Michel

Onfray, mesmo que sua boca fale bobagens sobre a Bíblia, continua a ser mesmo assim, por sua própria existência, uma palavra de Deus, amordaçada, certamente, mas ainda assim divina em sua aparição: "O rabino Zoma dizia: 'Quem é sábio? Aquele que encontra algo a aprender com cada homem'".[1]

Esse maravilhamento não resolve tudo, pelo contrário. Suponhamos que eu chegue a superar minha antipatia e a entrar num maravilhamento sem fingimento: canto Michel, porque, antes de ser ateu militante, é um poema fantástico do Altíssimo. Que mal-entendido, então! Michel vai achar que o amo porque compartilho o mesmo ateísmo que ele. Que contrassenso assustador! Estou certamente obrigado a confessar-lhe que o motivo de meu maravilhamento é minha fé no Deus que o cria e que o salva. E eis o segundo mal-entendido: Michel vai imaginar que quero arregimentá-lo, que não o amo por ele mesmo, e agora ele desperta minha antipatia, me arrasta para uma polêmica sem fim, me obriga a uma relação de força, ao passo que eu procuro uma relação de fraqueza — ele e eu igualmente miseráveis e suplicando apenas a misericórdia de Deus, ele e eu ainda no curso preparatório quando se trata de conhecer a vida. Ah! Se ao menos pudéssemos nos calar, rezar e chorar juntos a noite que nos cerca! Mas não, terei de argumentar, demolir suas pretensões, que eu o maltrate sem piedade...

---

[1] Pirqé Avot, *Traité des Pères*, 4,1.

47. É isso que encontramos nos Atos dos Apóstolos. Os Apóstolos não pretendem trazer o lado exterior, mas revelar o que já está presente para levá-lo à sua realização. Com isso, eles obedecem a palavra de Jesus: "Não vim abolir, mas dar-lhes pleno cumprimento" (Mateus 5,17). Em seu primeiro discurso, Pedro não diz aos judeus: "Trago algo que não tem nada a ver com a sua história". Ele diz: "Eu anuncio a vocês a realização da vossa história: o Salvador não é apenas um judeu, mas sobretudo quem salva você, você, e não outro, é sempre da tua história que se trata, sem alienação, sem degeneração". É por isso que os judeus que o escutam ficam "compungidos no íntimo do coração" (Atos 2,37). Mesmo os membros do Sinédrio "admiravam-se" (Atos 4,13). Motivo ainda maior para perseguir esse primeiro papa ridiculamente escolhido entre pescadores do mar da Galileia. Sua reivindicação parece exorbitante demais: "O quê, esse Simão, filho de Jonas, está querendo revelar pra mim o que eu verdadeiramente sou?".

Quando Paulo e Barnabé estão entre os pagãos de Licaônia, Paulo cura miraculosamente um aleijado cuja fé reconhece (embora se trate de um pagão!). Imediatamente eles são considerados deuses: Barnabé é Zeus, e Paulo, Hermes, porque é o mensageiro, o falante da dupla. Os dois apóstolos ficam muito envergonhados. Eles precisam dissipar o mal-entendido. Paulo explica que são homens, como eles, e que eles têm de se afastar das *coisas vãs* para se converterem ao "Deus vivo, que fez o céu, a terra, o mar e tudo o que neles existe" (Atos 14,15). Ele acaba imediatamente com outro mal-entendido: os pagãos poderiam acreditar que ele vem trazer-lhes outra coisa, outro deus vindo do estrangeiro. Para evitar esse erro, Paulo insiste no fato de que a novidade de seu discurso está em revelar Aquele que já saciava seus corações desde os tempos mais antigos: "Nas gerações passadas, Deus permitiu que todas as nações seguissem o próprio caminho. No entanto, ele não deixou de dar testemunho de si mesmo através de seus benefícios. Do céu ele manda chuvas e colheitas, dando alimento e alegrando o coração de vocês" (Atos 14,16-17). Como entender isso? O Deus vivo chega mandando embora os ídolos do passado, isto é, destruindo aquilo que parecia o essencial e, ao mesmo tempo, não chega, ele já estava presente, e o essencial vinha Dele. Assim, o narrador conclui com um versículo que assinala o tragicômico da situação: "E assim falando, com muito custo conseguiram que a multidão desistisse de lhes oferecer um sacrifício" (Atos 14,18).

Diante do Areópago, Paulo afirma explicitamente que seu anúncio diz respeito Àquele que já está presente e até mesmo já é adorado: "De fato, passando e observando os monumentos sagrados de vocês, encontrei também um altar com esta inscrição: 'Ao Deus desconhecido'. Pois bem, esse Deus que vocês adoram sem conhecer, é exatamente aquele que eu lhes anuncio!" (Atos 17,23). E ele prossegue mais adiante: "Ele não está longe de cada um de nós. Porque é Nele que temos a vida, o movimento e o ser" (Atos 17,27-28). Assim, só podemos falar de Deus a alguém quando primeiro nos maravilhamos, se não com a nossa presença diante de Deus, ao menos com sua presença em Deus, seja esse alguém pagão ou ateu, urso de pelúcia ou torcedor insuportável. Só podemos chamá-lo a adorar na luz se somos capazes de reconhecer de que modo ele já adora na obscuridade.

Essa disposição permite que saiamos do perigo de um moralismo que condena ou de um triunfalismo que conquista. Porém, ela também possibilita uma rejeição mais forte: "Como já temos a vida, o movimento, e o ser no Deus que você anuncia, não precisamos ouvir mais". Alguns atenienses seguirão Paulo após seu discurso, mas a grande maioria, tendo-o ouvido falar da ressurreição dos mortos, zomba dele: "Nós ouviremos você falar disso em outra ocasião" (Atos 17,32).

48. Deus, portanto, já está presente no mais anticristão, talvez não com sua presença de graça, mas ao menos com sua presença de criação, com sua presença de imensidão, ainda que, no momento em que falo de Deus a meu inimigo, preciso estar consciente de que Deus se aplica integralmente a criar esse inimigo com amor. Uma posição deveras desestabilizadora, devo admitir: preciso falar-lhe de Deus estando primeiro confundido por ele, rejeitando sua ignorância ao acolher sua presença, contestando sua inimizade e atestando sua bondade de origem, superando nossa antipatia primeira, pois só assim poderei "dominar

até o coração dos inimigos". Extraio essa expressão do Salmo 110, o qual é sempre cantado no ofício dos domingos e das solenidades: "O Senhor estenderá desde Sião teu cetro poderoso: Dominarás, disse ele, até o coração de teus inimigos". Qual é a verdadeira força? Aquela que domina até o coração. Ora, a violência pode abater o corpo, mas não conseguiria dominar o coração. Uma sedução refinada extorquirá uma adesão que pode ser passional, mas não atrairá as profundezas da inteligência e da vontade.

O mensageiro de Deus não tem medo de testemunhar diante daquele que parece estar mais afastado da fé. Primeiro porque esse mesmo mensageiro já esteve muito afastado da fé (nada melhor, para seguir os passos de São Paulo, que ter começado apedrejando alguns santos). Segundo porque ele próprio fez a experiência da reviravolta, ele sabe que tem, no adversário, um aliado de monta: seu próprio coração, porque o coração do pior inimigo de Deus, apesar de tudo, foi feito por Deus e para Deus. Eu disse precisamente "por Deus e para Deus", e não "por mim e para mim". É só porque meu interlocutor se opõe a mim (testemunho miserável, que acarreta, graças à minha mediocridade, numerosos contratestemunhos) que ele se opõe a Deus. Ao proclamar a Novidade, preciso saber que a pessoa aparentemente mais hostil pode ser, no fundo, mais próxima de Deus do que eu, e só alardear sua hostilidade por uma ignorância invencível, por uma arregimentação que a formatou desde a infância. Eis por que o enviado não é apenas sujeito da proclamação: ele está primeiro em situação de escuta, de receptividade, pronto a discernir aquilo que já é o Cristo no não cristão ou no pseudocristão, pronto para receber lições antes de dá-las; isto é, segundo a palavra de Paulo, disposto a "examinar tudo e ficar com o que é bom" (1 Tessalonicenses 5,21).

Apesar de sua carranca rabugenta, o coração do inimigo ainda é amigo do apóstolo. É preciso ter certeza dessa aliança secreta, dessa inteligência com um espião já dentro da fortaleza, e que não é ninguém menos do que a alma do irmão adverso. Se nossa palavra não jorra desse maravilhamento diante do coração naturalmente fraterno de nosso pior adversário, não estamos falando de Deus, estamos falando de algo lateral, de uma ideologia intrusiva.

49. Esse maravilhamento não é uma atitude afetada. Ele não foge ao verdadeiro encontro. Ele o radicaliza. Não se trata de uma "sabedoria da linguagem, que torne inútil a cruz de Cristo" (1 Coríntios 1,17), isto é, de uma técnica de comunicação feita para suscitar uma reação automática e contornar o choque das liberdades. A eficácia da proclamação, aqui, gera a possibilidade de uma recusa ainda mais violenta. Como o maravilhamento de que falamos provoca o cara a cara, ele pode fazer o enviado de Deus parecer ainda mais odioso, e desencadear, por causa de sua própria bondade, represálias terríveis: "Como? Esse sujeito pretende conhecer meu próprio coração melhor do que eu mesmo? Que arrogância! Não existe pretensão mais invasiva!".

Seria, portanto, um erro crer que a perfeita comunicação evangélica leva a um consenso necessário. De um lado, isso suporia uma negação da pregação do próprio Cristo: "Se tivesse lido Dale Carnegie e praticado a PNL (programação neurolinguística), Cristo não teria passado por aquele deplorável mal-entendido da cruz!". Por grosseira que seja essa suposição, ela não é menos frequentemente subentendida pelos novos *arquiapóstolos* e outros promotores do Evangelho com desconto. Por outro lado, essa eficiência irresistível, como vimos, corresponderia não à apoteose evangélica, mas ao regresso a uma comunicação animal. Decerto "A palavra de Deus é viva, eficaz e mais penetrante do que qualquer espada de dois gumes", mas justamente porque ela "penetra até o ponto onde a alma e o espírito se encontram, e até onde as juntas e medulas se tocam; ela sonda os sentimentos e pensamentos mais íntimos" (Hebreus 4,12), essa eficácia, essa *energia* da palavra divina, pode provocar a revolta daquele que não tem a humildade de passar por seu crivo e de ser penetrado por ela. A começar por mim mesmo: posso sempre imitar o jeito do doador de lições evangélicas para jamais ter de receber outras lições.

III
Por que Deus não faz Ele mesmo o trabalho? Por que Ele o deixa para os *clowns*?

ENTRADAS *CLOWNESCAS*

50. Falei da postura que deveríamos adotar, caso tomássemos ao pé da letra o convite do Monsenhor Rylko: viver o estupor de Moisés diante da sarça ardente equivaleria a ocultar o rosto e a descalçar os pés. No entanto, mesmo que ouvíssemos o convite do cardeal, não segundo a letra, mas segundo o espírito, parece que falar de Deus em verdade nos coloca numa situação de *clown*.

Aquilo que talvez faça vocês pararem à beira desta evidência é a palavra *clown*, que pode prestar-se à confusão. Preciso deter-me nela um pouco. Eminência, caros irmãos, caras irmãs, entendam que não solto esse termo ao acaso, para "dar uma de *clown*". Aliás, quando "damos uma" de *clown*, então *não somos clowns*, pois o *clown* só é *clown* quando não tenta ser: ele sempre é sem querer. Essa falta de ofício o diferencia do comediante e do bufão. O comediante *faz* rir de maneira geral, ao passo que o bufão zomba *dos outros*, brinca com seus defeitos, aponta seus ridículos. O primeiro dispõe de uma técnica, e o segundo vai fazer pouco de alguém. Já o *clown*, se faz rir, é sem astúcia e quase sempre às próprias custas. E, se ele tem uma certa disposição em relação aos outros, não é de zombaria, mas de admiração. Em verdade, o *clown* é muito sério, ele até leva tudo imensamente a sério, nem que seja o simples fato de respirar ou de ter de dar um passo.

É esse o motivo pelo qual ele se sente ultrapassado por coisas que para os outros parecem muito banais — e pelo qual ele atravessa sem perceber aquelas que os paralisam: ele está tão hipnotizado pelo dente-de-leão que acaricia o leão como se fosse um cachorrinho, até o momento em que se dá conta do seu erro... Porém, tomemos um exemplo de sua seriedade, a qual chamarei de *metafísica*: eis que ele se coloca diante de uma senhora muito digna e se extasia com o fato de que ela tem nariz... Ele acha isso extraordinário, um nariz, assim, no meio do rosto, com os dois buracos das narinas; mordido pela curiosidade, ele tenta olhar dentro de cada um desses buracos, como através de binóculos para o mistério. A senhora terá certeza de que ele está escarnecendo, claro. Mas não, ele admira, ele só sabe fazer isso.

O *clown* é antes de tudo um contemplativo. Por isso é desajeitado. Ele vai ficar tão impressionado com a bondade do penne que lhe dará beijos de gratidão, sujando o rosto com seu molho, e esquecendo de terminar o prato. Ele vai ficar tão comovido porque o Milan venceu o Real Madrid, que incentivará os torcedores a compor um grande poema sinfônico, ou a passar uma semana inteira em adoração perpétua na igreja em ação de graças. Quanto à beleza de Monica, não, decididamente, isso já é demais para ele: ele vai entrar em pânico, sairá correndo, voltará rastejando, ficará chocado por algum homem ousar tocá-la, ousar olhá-la, suspirará, enfim, que é hora de ele morrer porque viu o rosto da mulher do Deus Altíssimo... O poeta Henri Michaux explica muito bem por que uma contemplação ingênua, sem reservas nem preconceitos, leva necessariamente a uma tragédia *clownesca*: "Se um contemplativo se jogar na água, não tentará nadar. Tentará primeiro compreender a água. E se afogará".[1]

51. E o cristão que tem de falar de Deus? Esse é um *clown* por causa da desproporção entre aquilo de que ele fala e aquilo que ele é: sua boca é pequena demais para o infinito; seu coração, estreito demais para o amor sem medida. Ele "se vestiu de Cristo", mas como o palhaço em sua fantasia grande demais, ele se perde nela, se atrapalha, prende os pés nas pernas das calças e *paf!*, cai no chão bem na hora em que começava a invocar o céu.

O cristão não busca *dar uma de engraçado*, mas *é engraçado* às próprias custas. Necessariamente, o espírito é muito espiritual. Pensem no mistério da Trindade: apenas um Deus, claro, mas em três Pessoas! Pensem no mistério da Encarnação: esse homem, que, como nós, come peixe

[1] Henri Michaux, "Le portrait de A.", em: *Plume précédé de Lointain intérieur*.

tentando evitar engolir uma espinha, é o Verbo eterno! Pensem na concepção virginal: Maria é Virgem e Mãe, e ainda mais Mãe quanto mais é Virgem para Deus, e ainda mais Virgem quanto é mais Mãe de Deus! Os dogmas da fé não são absurdos, são suprarracionais; porém, isso significa que eles estão muito além de nós. A razão domina o absurdo. Não domina a suprarracionalidade e, portanto, diante do mistério, ela é levada além de suas capacidades próprias, e pode parecer desajeitada, ridícula, gaguejante — na pior das hipóteses, como a rã que gostaria de ficar tão gorda quanto o boi; na melhor, como o gatinho que tenta agarrar um raio de sol.

Então, como falar de Deus sem parecer um *clown*? Preciso dar testemunho de sua misericórdia perante um mendigo cujo odor me dá ânsias de vômito. Tenho de cantar o corpo transfigurado enquanto sofro de hemorroidas. Tenho de dizer que Deus está presente por toda parte, ao passo que ninguém o vê e que eu mesmo com frequência fico ausente. Tentemos apenas aplicar um dos princípios do Sermão da Montanha, por exemplo: "quando você der esmola, que a sua esquerda não saiba o que a sua direita faz" (Mateus 6,3): mas que acrobacia física e mental essa exigência nos impõe! Será preciso sempre colocar a mão esquerda nas costas? Ou então dar a esmola bem rápido, sem que nós mesmos percebamos, e fugir a toda velocidade, como se tivéssemos cometido um crime horrendo? Basta pegar a menor bem-aventurança para ver-se na mais burlesca encrenca: "Felizes os que choram"... Vou ter de rir no mesmo instante em que minhas lágrimas escorrem!... E o Senhor não para aí. Ele diz que somos "o sal da terra", ao passo que nós, como os outros, peguemos a mostarda! Ele afirma que somos "a luz do mundo", enquanto, como os outros, procuramos o interruptor! "E os nossos inimigos zombam de nós!" (Salmos 80 (79),7).

52. Compreendemos o protesto de Jeremias quando o Altíssimo o constitui profeta: "Ah, Senhor Javé, eu não sei falar, porque sou jovem" (Jeremias 1,6). Porém, o Senhor o incentiva (sem por isso orientá-lo): "Javé, porém, me disse: 'Não diga 'sou jovem', porque você irá para aqueles a quem eu o mandar e anunciará aquilo que eu lhe ordenar. Não tenha medo deles, pois eu estou com você para protegê-lo, – oráculo de Javé" (Jeremias 1,7-8). Fácil de falar.

O *clown* acaba por consentir, sem dúvida, como o filho que primeiro diz não, mas é provável que ele continue a protestar: "Javé, eu sei que o homem não é dono do próprio caminho; que não pertence ao homem que caminha dirigir seus próprios passos" (Jeremias 10,23). Assim, é normal que ele prenda o pé no tapete e caia! Serei ridículo, apedrejado, acusado de ser um impostor, um blasfemador, um falso profeta! "Eis que eles me dizem: Onde está a palavra do Senhor? Venha agora! Mas eu não me apressei em ser o pastor" [eu que sou ovelha!]. "Não me sejas por espanto; meu refúgio és tu no dia do mal. Envergonhem-se os que me perseguem, e não me envergonhe eu", "Ah! Por que não faz você mesmo o seu trabalho? Por que você pega para falar da vida eterna um sujeito qualquer que treme diante do menor dodói? Por que você escolhe alguém que é menos bom do que aquele a quem ele deve testemunhar tua bondade?".

UM ENCONTRO NÃO PROGRAMÁVEL

53. A situação do cristão é particularmente *clownesca* quando ele é oferecido em leilão junto com outros provedores de "sabedorias". Considerem o seguinte caso didático (falo por experiência): você está num palco de televisão debatendo com um filósofo, um budista, um muçulmano e uma vedete, e você tem de fazer o papel do católico de plantão. Aquilo que você preferiria, do fundo do coração, seria começar encontrando uma canção para cantar juntos, brincar de cabra-cega, pular numa perna só, ou compartilhar a receita de um prato (sem dúvida vegetariano) que conviria a todos. Antes de confiar aquilo que você tem dentro de si, é preciso apresentar-se, não? E admitir que somos irmãos antes de sermos competidores, enfim, ter um certo tempo de noivado... Mas não! Você tem de se jogar sem preliminares, sem mais nem menos, como nem um ladrão faria, mas como um vendedor de rua!

A filosofia traz uma doutrina, oferece preceitos de sabedoria, fala de uma moral universal, e todo mundo pode raciocinar sobre suas generalidades. O budista propõe uma via de meditação, abre um caminho para a interioridade, fala de uma prática universal, e todo mundo pode entrar no *zazen* e respirar diferente. O muçulmano apresenta o Corão, invoca uma religião original, simplificada, despojada das complicações judaicas ou cristãs, fala de um livro que deve ser recitado, e que todos podem ler e ter consigo. Por fim, a vedete fala de si mesma, de seus sucessos, ela não sugere ao auditório encontro nenhum além daquele que ele está tendo com ela, semideusa do cinema: mesmo que ela seja uma porca, faz melhor figura do que os outros, porque foi escolhida por isso, como uma porca telegênica. Depois vem a sua vez. O que você pode dizer?

54. Você adoraria, como o filósofo, contentar-se com generalidades e com *nomes comuns* em maiúscula: Bondade, Justiça, Verdade, Divino..., mas você precisa afirmar também um *nome próprio*: Jesus Cristo. Então os espectadores poderão responder: "Por que esse camarada Jesus e não eu? Por que ele está falando de alguém que não podemos ver, quando ele poderia falar de alguma coisa que todo mundo conhece? E mais, alguém que teria morrido e depois ressuscitado! Tenha a santa paciência!".

Você adoraria, como o budista, contentar-se com uma *técnica* de vacuidade, com a posição do lótus, com a ressonância do *Ohm*, que cada qual pode tentar por conta própria. Mas você precisa afirmar sobretudo o *encontro* com uma pessoa divina, encontro cuja iniciativa não temos. Então os espectadores poderão retrucar: "Você o encontrou, muito bem, mas nós não. Ao menos o lótus nós vemos o que é, nós podemos fazer isso com as nossas pernas.

Agora, esse encontro, veja bem, ficamos com uma certa inveja, mas ele não depende de nós...".

Você adoraria, como o muçulmano, contentar-se em brandir um *livro*, dizer que basta repeti-lo de cor ou aplicá-lo segundo a *letra*. Mas você precisa afirmar a primazia do *Espírito*, assim como a necessidade de uma *tradição*, isto é, de uma certa comunidade histórica, de uma cambada de coitados iguais a você, e ainda mais de padres, que são menos graciosos do que os outros e que, no entanto, teriam o poder de comunicar a graça. Então os espectadores poderiam ficar revoltados: "Como? Você quer nos falar do divino e nos manda para esse bando de esquisitões, de estropiados, e até de perversos, inquisidores que preparam a fogueira (isso quando não são pedófilos!), em todo caso sempre gente que enche o saco com seus colarinhos, com aquelas mitras grotescas, e inebriada de poder romano! Pode ir embora, meu senhor, e ficar contente que tenhamos aceitado ouvir um pouquinho sobre essa velharia!".

Enfim, você adoraria, assim como a estrela de cinema, ter um rosto que fica bem em todos os projetores, ficar na frente, dizer que o encontro é com você, dispor de todos os encantos da sedução por *imagens*. Mas você sabe que aqui a tarefa não é o triunfo da imagem, mas da *vida*, e que o seu objetivo não é se-duzir (isto é, *conduzir a si*), mas *voltar para aquele Outro* que, aliás, é também *o Mesmo*, e que faz você balbuciar. Então a plateia poderá se afastar completamente da sua cara lastimável: "Ouçamos a atriz bonita. Ela é perfeitamente visível, ela, que tem muito mais charme, e muito menos pretensões!".

55. Eis o que faz da entrada em cena do cristão mais *clownesca* do que as outras: ele está enredado no problema de que a Sabedoria é uma Pessoa, e que assim tudo não se desenrola segundo a compreensão de uma doutrina, a aquisição de uma prática, a recitação de um Livro ou na promoção da própria imagem, mas no acontecimento de um encontro absoluto com o mistério. Ora, se é possível programar uma reunião, o encontro em si mesmo não é. Por definição, ele nos escapa, nos surpreende, nos faz correr riscos, porque nos coloca em relação com o outro como outro. Aguardamos sua chegada, mas o encontro nos traz aquele a quem não esperávamos.

O *clownesco* é que, no mesmo instante em que explicamos isso, reconhecemos também que a mais bela pregação não pode converter diretamente, e que falar bem de Deus é completamente insuficiente (aceitamos ser *clowns*, e para sermos ineficazes!). A *conversão*, ainda que o discurso do pregador fale dela, não é uma *convicção* engendrada por esse discurso, mas um encontro livre entre o ouvinte e o Cristo, encontro que escapa ao próprio pregador. E é por isso que sempre poderemos praguejar: "Como a questão é encontrar pessoalmente cada um, é você, Senhor, que tem de falar de si mesmo, e não nós, que estamos sempre numa situação ambígua!".

QUE URGÊNCIA, QUE NECESSIDADE?

56. Assim, chegamos a uma questão muito delicada e muito elementar: por que falar de Deus? E, para que ela seja ainda mais elementar, não a dirigiremos aos cristãos, mas a Deus mesmo, para que ela tenha a elementaridade de uma questão que não é apenas teórica ou prática, mas também existencial.

Tudo bem pesado, nossa maneira primeira radicalmente falante de questionar não é a problematização filosófica. Nossas primeiríssimas perguntas foram de criança. Elas se dirigiam a nossos pais. Eram orações. Ainda que aquele que questiona sem rezar não questione verdadeiramente (Santo Agostinho mostra isso ao longo de suas *Confissões*, em que a teologia é elaborada a partir de sua vida e de perguntas feitas ao Eterno; e, quando essas perguntas são elucidadas por meio de um raciocínio, a razão não é concebida por Agostinho como um instrumento que manejamos ao nosso bel-prazer, mas como o lugar onde fala naturalmente o Mestre interior, o *Logos* em pessoa).

Por causa do fundamentalismo é fácil imaginar que a fé em Deus reduz nosso questionamento a uma espécie de burrice superior; e que, assim, é preciso ser ateu para questionar verdadeiramente, ou, se infelizmente não fosse esse o caso, ao menos esforçar-se enquanto nos interrogamos mais radicalmente, colocando a fé entre parênteses (o que é recomendar ao cristão uma mensagem provisória para chegar à verdade definitiva). Porém, me parece que, pelo contrário, um ateísmo, mesmo metódico, não alcança a radicalidade do questionamento. Uma pergunta radical é uma pergunta verdadeira, diante da qual, para começar, fico realmente desarmado. Pode parecer que sou eu quem faço a pergunta, mas é sobretudo ela que se faz, que se impõe a mim. Ela me questiona profundamente, na medida em que me despoja de qualquer autoridade sobre ela. É daí que pode jorrar a palavra de Santo Agostinho: "Senhor, diante de teus olhos, eis que me torno uma pergunta para mim mesmo — *quaestio mihi factus sum*".[2] Não questiono mais "Deus" como um objeto que domino, mas como Aquele que me perscruta e que sonda todas as coisas. A suspeita se volta contra mim: minhas sobrancelhas se desfranzem sobre meus olhos, que se erguem; não questiono mais como juiz soberano, sou interrogado, até minha honestidade é questionada. Todo questionamento, a partir de então, é acompanhado de um pedido de socorro. Não pretendo mais segurar a verdade nas redes daquilo que já entendo, mas suplico à Verdade que venha Se revelar onde ainda não entendo.

Isso não quer dizer que ela se revelará assim, sem que eu me disponha a ela, sem que eu lhe ofereça a hospitalidade de minha atividade racional. É preciso que eu aplique toda a minha atenção. Porém, a atenção não é voluntarismo, ela não força nada, ela espera que as coisas,

---

[2] Santo Agostinho, *Confissões*, X, 33.

por si mesmas, explicitem-se diante de seu olhar. É seu próprio olhar que ela busca tornar mais claro, como um puro espelho, e não o real. O real, ela o chama, ela o convida a proclamar-se como ele é, e não como ela deseja que ele seja. Daí a famosa definição de Malebranche, tão bem desenvolvida por Simone Weil: "A atenção é uma oração natural". Uma questão que não chegue ao despojamento da oração nunca será atenta o bastante. Ela não passa de uma figura de retórica — uma prolepse com a qual erguemos muros contra toda objeção.

57. Essa oração, aqui, no meio de uma palestra, terá algo de artificial. Ela justamente não poderá ser mais do que uma prolepse. Durante um cruzeiro, não arrastamos os passageiros para a sala de máquinas. No entanto, vou fazer *como se*, tendo Santo Agostinho por modelo. Não me dirijo mais à vossa Eminência, a vocês, meus irmãos e minhas irmãs, mas, como Jeremias, como o salmista, como todo pensador deveria fazer, pergunto, como uma criança que questiona seu Pai:

"Desperta, Senhor! Por que dormes? Por que escondes a tua face, esquecendo nossa opressão e miséria?" (Salmo 43,24-25). Por que não falas mais diretamente a tuas criaturas? Por que somos nós, risíveis, miseráveis, que temos de falar de Ti? Não podias ter enxertado um fone de ouvido em cada homem, um auscultador integrado, para que pudéssemos nos beneficiar permanentemente das tuas locuções interiores? Não podias ter feito que toda testemunha verídica, a cada vez que abre a boca, exibisse uma língua de fogo ou uma espada de ouro? Não teria sido melhor se houvesse uma miríade de anjos visíveis, em volta do teu altar, cada vez que teu sacerdote celebrasse ali a missa? Em vez disso, temos aquela migalhinha minúscula de pão, e nós mesmos, tão pálidos, tão pequenos, e tão quebradiços quanto tua hóstia branca! Como não haveria uma discrepância? Como nossa migalha poderia parecer divina ao lado de um *cheeseburger* duplo?

58. Mas, é verdade, caso nós mesmos começássemos a transformar a hóstia em hambúrgueres de três andares, a missa em um grande espetáculo fascinante; caso adotássemos o tom dos filhos deste mundo, transformando a ordem dos pregadores em agência publicitária, o que aconteceria? Cativaríamos em vez de libertar. Hipnotizaríamos em vez de despertar. Ganharíamos não irmãos, mas uma clientela; não teus filhos, mas teus assinantes.

"Suponhamos que a cada vez que anunciássemos tua palavra se realizassem à nossa volta fenômenos extraordinários, por exemplo a levitação do evangelizador, chamas brotando de seu rosto, raios de luz saindo de seus olhos, um perfume de rosas emanando de suas axilas... Senhor, bem sabes, isso produziria ao menos dois equívocos. O primeiro é que a fé consistiria em desprezar tua criação: ela precisaria o tempo todo contrapor-se ao curso ordinário das coisas que desejaste para se dirigir a um excesso de efeitos especiais. Não teríamos mais ternura pelas axilas transpirantes e fortes do pregador, galoparíamos atrás das auréolas mágicas e dos aromas extraordinários. Voltar-se para ti por esse viés sempre espetacular seria desviar-se da flor dos campos, do penne com molho de tomate, da velhinha do andar de baixo... Enfim, seria rejeitar a simplicidade do ser, quando tu és o simplíssimo, e seria ficar surdo para tua palavra, que esbanjas por meio de todas as coisas.

O segundo equívoco é que as pessoas iriam a ti não por amor, mas por força. Elas seriam subjugadas por teu poder esmagador. Elas não aprenderiam nada além da soberba altaneira, e ver-se-iam confirmadas em seu orgulho. Submetidas pelo Impenetrável, e não mais elevadas pelo Misericordioso. Sem falta, elas se prosternariam em massa, tremendo o corpo inteiro, mas não fariam isso de coração: esse 'sem falta' não as tiraria de suas faltas, isso seria seu aviltamento servil, não seu arrependimento filial. É o que acontece com o endemoninhado gadareno quando Jesus se aproxima: ele *corre*, ele *se prostra* (Marcos 5, 6), ele se parece com uma noiva de marinheiro quando o noivo desembarca no porto, mas é exatamente o contrário de uma noiva, porque seus gestos são motivados pelo pânico: 'não me atormentes!' (Marcos 5,7). Em verdade, Senhor, se a cada vez que eu pronunciasse Teu nome surgisse um arcanjo para corroborar minhas palavras, eu não seria muito melhor do que um terrorista... E o sucesso de meus ameaçadores prodígios não multiplicaria os fiéis, mas os demônios."

59. "Com toda certeza são necessários milagres, que só são milagres por serem a exceção que confirma a regra. Porém, se tua verdade só se manifestar por meio de violações *supra-naturais*, ela não seria *sobrenatural*. Porque teu

sobrenatural, como acabamos de ver, não concorre com a natureza. Ele é de ordem diferente dela, e não o mais forte na mesma ordem. Ele não é uma supernatureza que torna a natureza inferior e caduca. E é por isso que Jesus não é o Superman. Pilatos diz: 'Eis o homem!' (João 19,5). Ele não diz: 'Eis o super-homem!'. E o que ele mostra à multidão é um coitado de um emudecido ensanguentado. Se Pilatos pudesse ter dito: 'Eis o super-homem', ele não teria mandado flagelá-lo, ele teria se curvado diante de seus superpoderes. De resto, é isso que teu Filho recorda a ele: 'Se o meu Reino fosse deste mundo (ou, em outras palavras, se a minha Igreja fosse o reino material mais poderoso da Terra), os meus guardas lutariam para que eu não fosse entregue'" (João 18,36).

"Assim, o sobrenatural não abate o natural, mas o recolhe, o carrega, o realiza por meio de suas próprias insuficiências. E como os meios de seu anúncio têm de ser os sinais do próprio anúncio, bem, esses meios não precisam ser espetaculosos, não precisam ter força hipnótica, nem coerção subliminar, mas podem ser simples, pobres e irradiantes, como a nudez de um rosto... Os milagres, aliás, não têm outro objetivo além de nos levar à presença de um rosto comum: teu Filho ressuscita o filho de Jairo, e é para que reconheçamos a maravilha de uma menina que come — coisa tão maravilhosa que toda a força do céu foi convocada para que ela se produzisse outra vez".

"Ah, mas o que é isso que eu acabo de dizer, Senhor! Serei eu mesmo um desses rostos? Será que não tenho, na verdade, cara de poucos amigos? Ainda não entendo por que não escolhes super-homens e mágicos. Mas ainda não entendo como um triste pecador, um coitado, um sujeito qualquer feito não segundo a tua imagem, mas segundo a sua máquina fotográfica desfocada e escangalhada, pode ser tua digna testemunha diante dos homens. Não tens de velar pela dignidade dos teus instrumentos? A marca do sobrenatural encontra-se nessa ecologia da reciclagem? A obra da graça é mais nobre quando feita pela recuperação de dejetos?"

60. "Deus, obrigado! Não abandonas tuas criaturas. Salvas até mesmo aqueles que não ouviram tuas pregações, e aqueles que as perseguem por ignorância, acreditando de boa-fé estar servindo a justiça. Não é o que diz Paulo VI, vigário de teu filho? 'Não deixaria de ter a sua utilidade que cada cristão e cada evangelizador aprofundasse na oração este pensamento: os homens poderão salvar-se por outras vias, graças à misericórdia de Deus, se nós não lhes anunciarmos o Evangelho...'[3] Ufa! Fico tranquilo. Antigamente imaginávamos que aqueles que não recebiam o batismo sacramental iam irremediavelmente para o inferno. Essa ameaça era um formidável chute no traseiro, administrado com a bota de sete léguas: era preciso rapidamente cruzar os mares e derramar a água com a fórmula trinitária sobre a cabeça dos ímpios, até não conseguir mais sentir o braço. Hoje podemos descansar. Sabemos que existe um batismo de desejo,

---

[3] Paulo VI, Exortação apostólica pós-sinodal, *Evangelii nuntiandi*, n. 80.

mesmo implícito, e que aqueles que dizem sim àquilo que conhecem da verdade, nem que seja um fiapinho de nada de sua luz, e mesmo que esse fiapinho seja deformado por mil ideologias sedutoras, é a Ti que eles dizem sim, sem saber."

"Fazes, portanto, o trabalho sozinho, Senhor, sem tambor nem trombeta, sem algazarra de prodígios, sem a embrulhada das nossas lenga-lengas. Qual é, portanto, a urgência e a necessidade de falar de Ti? Livrei-me, pronto, dessa corveia *clownesca*! Salvas as almas mesmo que eu não lhes anuncie o Evangelho, e quem disse isso foi o papa. Sim, na Tua misericórdia, a alma do ateu, do fundamentalista, do cristão social, e até a minha, Tu as carregas apesar dos erros, na medida em que esses erros foram cometidos por eles, mas não por culpa deles. Posso ficar tranquilo. Quando eu estiver diante de todos, não precisarei ficar desconfortável ao falar da 'experiência de Jesus', poderei me contentar em falar em 'sinceridade', em 'justiça', em 'divino', em 'respeito pelas diferenças', pronto, e meus gentis interlocutores terão eternidade o bastante para encontrar teu Filho..."

61. "Mas então por que, depois de ter dito que Tu salvarias os homens mesmo sem nossa evangelização, teu vigário Paulo VI prosseguiu dizendo: 'mas nós, poder-nos-emos salvar se, por negligência, por medo ou por vergonha, aquilo que São Paulo chamava exatamente 'envergonhar-se do Evangelho', ou por se seguirem ideias falsas, nos omitirmos de o anunciar?'. E por que São Paulo chega mesmo a declarar: '*Anunciar o Evangelho não é título de glória para mim;*

pelo contrário, é uma necessidade que me foi imposta. Ai de mim se eu não anunciar o Evangelho!' (1 Coríntios 9,16)?"

"Senhor, confesso que não estou entendendo mais nada! Os não cristão não necessariamente precisam ser evangelizados para que Tu os salves; mas os cristãos precisam necessariamente evangelizar para ser salvos! Então eu tenho de falar de Deus como de um absoluto a alguém para quem isso é duas vezes supérfluo, a primeira porque ele não está nem aí; a segunda porque ele não precisa disso para ser salvo! Ah, o que ganhamos então ao nos tornarmos cristãos, se temos de enfrentar essa exigência ridícula, esse perigo ainda maior, e essa encrenca terrível?"

O DOM DE UM DISCERNIMENTO

62. O que aprendemos com essa oração encenada? Que é normal que a palavra de Deus não seja sistematicamente acompanhada por trovões, por tremores de terra, por estrondos no céu... O Reino não é o império mais poderoso deste mundo, que agita um mundo superior e oposto, que esmagaria este mundo, porque o Reino não é *deste* mundo, e é por isso que ele pode ser dado *neste* mundo, e retomar as menores coisas sem quebrá-las, ou, melhor ainda: retomar aquilo que está quebrado e fazer disso um canal. Ele não é, em primeiro lugar, conquista do mais imponente, nem transferência de um território a outro, mas conversão do coração e do olhar. Ele não é como uma

ofuscante bola de fogo que apareceria ao lado de um copo d'água para eclipsá-lo; ele é o próprio copo d'água, percebido no mistério de sua presença, no segredo de sua doação. São os mesmos dados de todos os dias, mas reconhecidos precisamente como dados de uma fonte generosa, e que nos empenham a acolhê-los...

Como se trata antes de tudo de uma conversão do coração e do olhar, não pode haver questão de um grande espetáculo que fascine nosso olhar sem alterá-lo (e que, portanto, não poderia nos mandar *contemplar os lírios do campo*), nem de uma grande potência que submete nosso coração sem convertê-lo (e que não teria a força de *dominar até o coração do inimigo*). Deus quer nos ensinar a humildade, a mão esquerda que ignora o que dá a mão direita, e prega pelo exemplo, sendo humilde, dando-nos apenas sinais discretos, fazendo o bem sem trombeteá-lo em praça pública, com tanta generosidade que seria possível até mesmo imaginar que seus dons bastam por si mesmos, e que não temos necessidade do Doador...

A partir daí nos perguntamos sobre a urgência e a necessidade de falar de Deus... Lamentamos de certo modo a situação adâmica, anterior ao pecado original, na qual a presença de Deus era reconhecida desde o princípio, sem nenhuma dificuldade. E rapidamente entendemos que, se ela era reconhecida com a mesma facilidade, agora que estamos na miséria e no orgulho, isso seria extremamente arriscado, porque ignoraríamos nossa miséria e nosso orgulho não seria destruído. No entanto, não entendemos muito bem por que os homens teriam necessidade do anúncio dos cristãos para serem salvos. Ainda mais porque esse anúncio é sempre desajeitado, sujeito a equívocos e a desconfianças, e que nem conseguiria ter o equilíbrio material dos projetos formados pelos filhos deste mundo: o anunciante nunca anuncia algo que corresponda à sua própria medida, mas algo que o ultrapassa e que ele não compreende. Jacó sai manco de seu combate com o anjo; o melhor de nossos pregadores gagueja mais do que os outros.

63. Num primeiro momento, é preciso dizer que, para os não cristão, o anúncio do Cristo é uma necessidade não *soteriológica*, mas *antropológica*. Alguns sonham que o sentido da vida seja dado a cada um imediatamente, sem reflexão. Porém, essa perfeição seria na verdade nosso regresso ao instinto dos animais. O que é próprio do homem é perguntar-se o que ele é. E, mesmo que ele se proponha essa questão, ele não pode respondê-la sozinho, pois é ao mesmo tempo um ser racional e social: sua razão só é despertada no interior de uma sociedade, ele só fala porque aprendeu dos pais uma língua. Um leão não se pergunta sobre sua essência, ele age de maneira determinada, não se pergunta sobre a natureza leonina, não discute novos procedimentos de caça ao antílope, não se pergunta se é preciso trabalhar pela emancipação das leoas (aliás, não existe leoa feminista). Nessa ausência de questionamento está toda a sua descontração de selvagem. Quanta inconveniência, por outro lado, quantos desemaranhamentos

a suportar quando se é um *sapiens* de Hauts-de-Seine, residente no cantão de Vaud, de pai judeu e de mãe muçulmana, com o desejo de ser feliz e tendo diante de si a evidência da morte, um grande amor pelo *windsurf*, e uma aspiração ao sacerdócio! Adeus, descontração felina! Ser humano é sempre ter de procurar um fio no labirinto, questionar-se sobre si, correr o risco de resvalar na inumanidade, na esquizofrenia, na dispersão e, com os outros, por meio dos outros, deixar-se cada vez mais transpassar pelo porquê desta vida.

Um homem pode, portanto, responder às solicitações secretas da graça sem ter consciência disso. Porém, essa maneira de responder não é completamente humana. Atravessar o mistério sem poder enunciá-Lo com as palavras que Ele próprio nos revelou, ser levado por uma graça sem poder chamá-la por seu nome, sem entrar na oração e no louvor, eis o que nos faz passar ao largo da floração da boca, eis o que impede o desenvolvimento de nossa palavra... Aquilo que, do lado do não cristão, funda a urgência evangelizadora não é o risco do inferno no outro mundo, mas de ficar preso na rotina, numa visão vil deste mundo cá de baixo.

Do lado do verdadeiro cristão, São Paulo diz que, se ele não evangeliza, é ele, não o pagão a quem ele prega, que corre para a danação. Ele diz isso em termos precisos: *ai de mim*... O que é que isso quer dizer, se não que o *mim* cristão e o anúncio do mistério estão intimamente ligados? O que está em jogo é nada menos do que ser si próprio. Trata-se, portanto, de uma questão de *ser*, não de *fazer*. Não se trata de *fazer a evangelização*, mas de *ser verdadeiramente cristão*, e a evangelização vem por acréscimo, a partir de um modo de vida, não a partir de uma técnica de venda.

A urgência é soteriológica, mas o fundamento ainda é antropológico. O homem é um animal de palavra. Já vislumbramos isso: separar a palavra e o ser seria desumano: falar verdadeiramente é dizer o que é; estar na verdade é manter a palavra. Aquele que diz sem fazer é um perverso. Aquele que faz sem dizer é um bruto. Como canta Homero, com tanta naturalidade: "Depois que Ulisses e Penélope foram encantados pelo amor, eles se encantaram ainda mais por sua conversa".[4] O sexo seria bestial se a palavra, mais do que os membros, não inflamasse os corpos. Aquele cujo amor não transborda em cantos a sua amada não ama de maneira humana (não falo necessariamente de uma poesia formal, mas daquelas palavras de atenção, daqueles tremores na voz, que pertencem a todos os apaixonados, e de que a poesia mais refinada é também tributária, se não esquece por completo o "canto da alma"). Eis por que o cristão que nunca canta o Cristo é infeliz: isso não seria apenas um sinal de que ele não é completamente cristão, mas, antes de tudo, de que ele não é completamente humano.

64. O que ganhamos ao nos tornarmos cristãos, se precisamos endossar, sob pena de danação, essa cruz tão desequilibrante da Boa Nova? Aí também a finalidade não é

---

[4] Homero, *Odisseia*, canto 23.

ganhar algo, mas ser alguém. Se Deus parece se esconder, é para tornar-se presente através de suas criaturas. Se parece silencioso, é para que não sejamos mudos, a fim de falar através de nós. Deus não é mesquinho: Sua generosidade não consiste simplesmente em nos dar, de modo que sejamos passivos e não tenhamos mais nada a fazer. Ele não é como aquelas senhoras caridosas que tinham seus pobres, que tinham medo de que eles as confundissem com outras, e temiam ainda mais que o pobre por sua vez ficasse rico, a ponto de que elas um dia precisassem virar suas devedoras. A generosidade divina não é avarenta: ela consiste em tornar a nós mesmos generosos. Ela torna sua criatura fecunda, participante de suas felicidades, cooperadora de sua ação. Platão recordava em *O Banquete* que o fim não era apenas *estar unido* ao belo, mas *engendrar* na beleza. E o Cristo não para de dizer a seus discípulos que eles não devem contentar-se, *regozijar-se*, mas ir muito além do regozijo, chegando ao grão que cai na terra e *frutifica*.

É por isso que Deus quer falar através de suas criaturas. Se ele nos falasse diretamente, pensaríamos que a criação não é a palavra de Deus, e sobretudo não teríamos a exigência de santificar seu Nome, isto é, de participar de sua própria vitalidade, sendo seus testemunhos. Quando Ele diz: "Sejam santos, porque eu, Javé, o Deus de vocês, sou santo" (Levítico 19,2), Ele não pretende nos dar um fardo para carregar, mas infundir em nós uma existência mais larga e mais alta. Deus sempre fala através de testemunhas porque quer dar ao homem a oportunidade de cooperar com sua vida e com sua obra. Ele quer que sejamos Sua vinda uns para os outros. Sua discrição apela a nosso discernimento. Sua aparente ausência é o segredo de sua presença em todas as coisas e a exigência de seu testemunho através de nós; seu aparente recuo, o dom de uma missão que nos liberta ainda mais do que nos empenha.

DE PESSOA A PESSOA

65. Jesus nunca fala impondo as coisas, com autoritarismo, para derrubar seu ouvinte, mas partilhando nossa existência ordinária, com uma autoridade simples, a fim de preparar o espaço de um encontro. Seu objetivo inicial não é comunicar uma teoria nem dominar um adversário, mas estabelecer uma aliança. É isso que devemos colocar na cabeça, ou melhor, é isso que jamais conseguiremos colocar inteiramente na cabeça, porque isso tem de estar no coração: quando Deus fala, é para fazer aliança. Assim, falar de Deus (ao mesmo tempo *a respeito* Dele e *a partir* Dele) não é tanto transmitir uma mensagem. O anúncio sempre acaba por denunciar-se a si mesmo, porque um anúncio sempre remete a outra coisa, que não é outra coisa, mas, antes de tudo, alguém.

Na Anunciação, o anjo Gabriel fala a Maria, retirando-se em seguida, e a partir de então aquilo que ele disse é menos importante do que a presença no seio daquela moça (ao contrário, quando Djibril fala a Maomé, o importante é a mensagem assim como lhe foi ditada do alto). Assim, o que é próprio do mistério judeu e cristão é que o mensageiro é mais importante do que a mensagem, ou, se preferirem, que a mensagem é o Messias, isto é, o próprio mensageiro.

66. Essa primazia do mensageiro sobre a mensagem não está relacionada apenas ao mistério do Verbo Encarnado, mas remonta até o mistério trinitário. O mistério da Trindade nos revela um Deus que não é oceano de luz anônima e impessoal, mas comunhão de Pessoas. Essas Pessoas não são uma em relação a outra *aliud*, isto é, outra coisa, porque juntas são a essência única divina; e, ao mesmo tempo, são uma em relação a outra radicalmente *alius*, isto é, algo de outro. Insistimos muito até hoje na unidade de natureza na Trindade. Porém, em nossa época de pluralismo irrecusável, convém insistir na distinção absoluta das Pessoas divinas. O Filho, por sua Natureza, é a mesma coisa que o Pai, isto é, Deus. Porém, como Pessoa, ele é infinitamente diferente do Pai, pois é o Filho. E é essa infinita diferença numa unidade infinita que perfaz o acontecimento permanente de sua comunhão, sua respiração, e sua fecundidade, pois ela é processão de outra Pessoa irredutível, o Espírito Santo.

Afirmar a unidade divina à maneira de um bloco irrespirável é levar uma mensagem esmagadora ou dissolvente. Pouco importam o rosto do mensageiro e o de seu interlocutor: ambos são incapazes de refletir a natureza divina, a menos que um e outro sejam absorvidos nessa natureza divina indiferenciada. Há talvez mais do que uma relação de homofonia entre os arianos e os Arianos: o totalitarismo certamente tem sua origem longíngua num monoteísmo no qual tudo é reduzido a uma unidade sem diferença nem amor: *Ein Reich, ein Volk, ein Führer*... Como sair da violência dessa unidade esmagadora e uniformizante (quer ela se baseie no culto da Raça, da Nação, da Humanidade, do Planeta, ou de qualquer outro homólogo que seja do divino dissolvente)? Acreditou-se que a resposta estava na autocelebração do indivíduo. Porém, o individualismo troca a violência vertical por uma violência horizontal: um se opõe ao outro, e só entra em relação por medo, para estabelecer um tratado de não agressão e preservar sua bolha. Antes, convém reconhecer a unidade criadora e diversificante. Desde que a unidade divina é conhecida como trinitária, descobrimos a diferenciação eterna de cada um em Deus, e a finalidade não é mais tanto transmitir uma mensagem dominadora quanto procurar viver um encontro. E melhor ainda que o interlocutor resista! Melhor mesmo, para começar, que recuse! A comunhão visada não é uma fusão despersonalizante, mas o achado de pessoas absolutamente diversas: como no caso dos sexos, é a união de suas diferenças, e até de suas desavenças, que faz brotar o novo.

67. A Revelação nos mostra que os rostos são mais importantes do que as ideias. Seus dogmas não formam um sistema ideológico cujo fim é submeter o mundo, mas um quadro ontológico que permite viver a maior comunidade com as personalidades mais diversas e mais fortes. Ora, é porque os dogmas da fé declaram o acontecimento que

vem salvar cada rosto em sua unicidade que a Revelação não é uma tese filosófica, mas um fato histórico. As ideias gerais pertencem a um mundo que não depende essencialmente da história. As pessoas particulares só se encontram dentro da história. O mistério de Jesus não pode ser induzido nem deduzido a partir da natureza, como a existência de Deus tal como provada pelos filósofos, ou tal como sugerida, como vimos, pela palavra cotidiana. Nenhum raciocínio geral pode chegar a esse acontecimento. É por isso que esse mistério de uma Pessoa é transmitido por uma cadeia ininterrupta de pessoas — suas testemunhas.

E eis que se explica a maravilha da dificuldade de que falávamos anteriormente. Enquanto outros sábios podem falar de algo comum, a testemunha tem de falar do encontro com alguém singular. Podemos repeli-la com força, dizer que esse *encontro* do cristão é só dela, ao passo que o *raciocínio* dos outros sábios é para todos. E, no entanto, se raciocinarmos um pouco mais, podemos descobrir que afirmar a primazia do encontro sobre o raciocínio é a única maneira de escapar da ideologia. A testemunha tem a fraqueza de não poder produzir uma demonstração, à maneira daquele que defenderia a justiça como uma ideia geral, mas essa fraqueza é sua força, essa impotência de demonstrar é a demonstração de que ela não veio para dobrar as pessoas a uma doutrina, mas para revelar as pessoas em sua vocação. Os outros sábios esforçam-se para levá-la o tempo todo para o terreno do enfrentamento das ideias, de modo que ela está na posição deveras desconfortável de ter de debater essas ideias para dissipar o mal-entendido. Porém, ela nunca pode se esquecer de que o rosto de seu interlocutor – Michel por exemplo, com sua mandíbula quadrada, com seus óculos de armação preta, com o pelo que sai de sua narina esquerda – é muito mais essencial do que as teses que ele poderá gerar, porque foi para salvar esse rosto e sua poesia que o Cristo veio, e não para salvar as vagas ideias que lhe passam pela cabeça.

68. O Cristo não exige que se ame o Amor, mas que nos amemos uns aos outros (assim como Ele nos amou). Assim, entendemos que Ele possa escolher como mensageiros *clowns* ridículos e não clones eficientes. Eles são um canal para a ação em perfeita conformidade com o anúncio: "Eu te louvo, Pai, Senhor do céu e da terra, porque escondeste essas coisas aos sábios e inteligentes e as revelaste aos pequeninos" (Mateus 11,25).

Se a mensagem nos manda acolher os pequenos, nada melhor do que um pequeno a transmita. Se a mensagem nos manda amar o próximo, nada melhor do que mandá-la por um sujeito qualquer, não necessariamente melhor do que outro, que não apenas a profere, mas que obriga a vivê-la (aquele que diz quem é!). Se ele apenas se deixar desconcertar, se aprender simplesmente a balbuciar diante "Daquele que forma as montanhas e que cria o vento", dirá mais do que os maiores oradores. Não estou falando de sua sinceridade, porque ele nem tem certeza de ser sincero; falo, antes, de sua condição de homem, perturbada e desnudada. Cristo vem salvar o homem, não fabricar um super-homem. Ora, salvar o homem é salvar o *clown*. É "depressa pelas praças e ruas da cidade, trazer para cá os pobres, os aleijados, os cegos e os mancos" (Lucas 14,21).

69. No entanto, se o essencial da mensagem a ser transmitida não está nela mesma, mas numa comunhão de pessoas, não é necessário que sua pregação seja transmitida no seio de uma comunhão visível? A comunhão é ao mesmo tempo a eucaristia e a comunidade dos fiéis. É preciso falar de Deus, mas é preciso também comer o Verbo feito carne. Nele se encontra o contato físico e misterioso, o encontro pessoal com o Cristo — com sua palavra na proclamação do Evangelho, com seus membros, enfim, na proximidade com aquele paroquiano que de jeito nenhum escolhi (que tenho eu com Germaine Coutil, retroseira aposentada? Nada e, no entanto, tudo). Fomos ensinados a não falar de boca cheia. Com a eucaristia, quando estamos de boca cheia, é que falamos melhor. Então, Deus não é mais um conceito, um ensinamento, um estado místico raríssimo, mas a presença pessoal que nos toca todos os dias, de um modo tão simples quanto o pão do dia a dia, num privilégio que nos aproxima do mais pobre, pois não somos mais convidados do que ele. Nesse momento nos calamos. Nesse momento, somos amordaçados pelo beijo universal de sua carne. E é nesse momento que somos mais eloquentes.

Nesse momento nos constituímos numa comunidade real, não apenas de fachada, de bandeira ou de ideias.

Quero dizer com isso que é impossível falar bem de Deus fora de uma comunhão viva (a qual é o exato oposto de uma massa homogênea), porque Deus é a comunhão de Pessoas absolutamente distintas, mas também porque a palavra é sempre recebida de um e dirigida a outro, e nunca é mais bem manifestada do que num espaço onde é trocada, enfrentada, absolvida no debate, e entrançada na fuga. Se, com base na missa, mas fora dela, não chegamos a ser uma comunidade viva, pensante, dançante, hospitaleira, por mais que falemos a língua mais persuasiva, poderemos até atingir os cérebros, mas não tocaremos as almas. O Cristo diz isso em sua oração sacerdotal: *Eu mesmo dei a eles a glória que tu me deste, para que eles sejam um, como nós somos um. Eu neles e tu em mim, para que sejam perfeitos na unidade, e para que o mundo reconheça que tu me enviaste e que os amaste, como amaste a mim* (João 17,22-23). O mundo só ouve a palavra de Deus se enxerga essa comunidade improvável e multicolorida de todos os tipos de *clowns*, um circo reunido pela Cruz, na qual o filósofo judeu se sente intimamente próximo da faxineira portuguesa, o engenheiro de minas tenta igualar o fervor jubiloso de uma criança com síndrome de Down, o fariseu encontra-se com o publicano e com a prostituta no mesmo arrependimento...

IV
O belo hoje

AS COISAS NUNCA FORAM MELHORES... NEM PIORES

70. Mas o que é que está acontecendo? Passei longe da pergunta! A pergunta é "como falar de Deus hoje?" e, se falei hoje, no entanto ainda não mencionei o hoje como tal, isto é, a especificidade da época em que estamos. As notícias, que não são exatamente a Boa Nova, martelam nossos ouvidos com a palavra "crise". Quando se é judeu ou cristão, sabe-se que a crise remonta à mais Alta Antiguidade. Ela se inicia quase no começo, com aquela história de uma árvore do conhecimento do bem e do mal, e depois com a fraternidade humana, que é também o primeiro fratricídio. O mundo está em crise desde a origem. E essa situação crítica não deixa de se reatar ao fio do tempo: "O mundo está em chamas", dizia Teresa d'Ávila a suas irmãs, "não é hora de discutir com Deus temas de pouca importância".[1] Isso foi

[1] Teresa d'Ávila, *Caminho de Perfeição*, cap. 1, p. 5.

no século XVII. Mas o rei Davi já reclamava, no século X anterior à nossa era: "terror por todos os lados" (Salmo 31,13).

O espanto diante da crise como se ela fosse algo de estranho pode ter dois motivos. O primeiro: intuímos que o homem foi criado para uma vocação agradável, e que nossa situação crítica, apesar de banal, não é de jeito nenhum normal; ela procede de uma desordem contingente daquele pecado de origem que poderia não ter acontecido. É por isso que a morte, no entanto tão natural, e a injustiça, no entanto tão comum, nos parecem escândalos. Esse primeiro motivo baseia-se, portanto, no sentimento de uma queda, e a fé, num reerguimento.

O segundo motivo deriva e desvia do primeiro: ainda acreditamos no progresso, no sucesso futuro, não da revelação divina, mas da revolução social, no homem salvando-se por suas próprias forças e segundo seus próprios planos. E assim não entendemos como uma crise pode acontecer, quando todos os augúrios do mundo moderno nos prediziam "Paz e segurança" (1 Tessalonicenses 5,3).

O primeiro desses dois motivos é misterioso (ele remete ao pecado original, típico de uma entrada *clownesca*, vocês sabem como é, assim que entra em cena o Augusto quebra a cara, e talvez essa seja a origem de seu nariz vermelho, e o edema é sequela de sua caída de cara). Esse mistério pode ser contestado: é obscuro demais. Assim, ou fazemos o papel de cínico *blasé*, dizendo que a crise é normal, que o horror é humano, mas isso é contradizer-se imediatamente: se o horror fosse humano, não nos pareceria horrível... ou então retomamos o segundo motivo, que certamente não é misterioso, mas que é completamente estúpido, porque se baseia nessa utopia do progresso que os totalitarismos e os liberalismos desmentem há muito tempo.

71. O que é certo é que não poderíamos ter a nostalgia de um cristianismo já acabado. Vou blasfemar contra a providência que me colocou nesse momento da história? Não devo reconhecer que se nasci nesta época é porque aqui se encontra minha missão, por emaranhada que seja, e que não é o caso de esperar o retorno de condições mais favoráveis para começar a ser testemunha? Seguramente em outras épocas as coisas não eram tão ruins e, no entanto, não eram melhores. Em sua intervenção, o professor Sergio Belardinelli disse que todas as épocas eram contemporâneas diante da eternidade e que, portanto, elas estavam todas igualmente próximas e distantes de Deus. Isso é absolutamente verdadeiro. Do ponto de vista metafísico. Agora, do ponto de vista histórico, isso não é tão exato.

Do ponto de vista histórico, é preciso constatar que existe uma dinâmica da história que nos é manifestada pela parábola do joio e do trigo (Mateus 13,24-30). Essa parábola nos apresenta a história como um crescimento, mas como um crescimento duplo: o crescimento simultâneo do bem e do mal, e isso de maneira inseparável até a hora última da colheita. Em outras palavras, as coisas sempre vão melhor — e sempre vão pior. O método esbarra no caos, mas o caos se esgota contra o inesperado da cruz.

Podemos até mesmo dizer que está melhor porque está pior. De fato, o mal que se conhece é melhor do que o mal que se ignora. A consciência do pior é, portanto, algo melhor, pois é lucidez diante do mal, e essa lucidez só pode existir na medida em que aspiramos mais ardentemente à luz. É só porque temos mais fome e sede de justiça que a injustiça nos parece tão atroz. E sem dúvida essa é a razão pela qual o termo "Apocalipse", que significa "Revelação", passou a significar também "Calamidade". Quanto mais a luz se intensifica, mais as sombras são escuras. Porém, esse contraste é também uma provação, pois quanto mais essa luz ilumina nossos vícios, mais podemos nos revoltar contra ela.

72. Estamos, portanto, na melhor das épocas da história, e também na pior, e amanhã será ainda melhor e ainda pior. Algumas palavras sobre o melhor, absolutamente falando. Que graça, por exemplo, viver após a definição dos dogmas da Imaculada Conceição ou da Assunção: os cristãos, antes, não tinham esse sentido do mistério da misericórdia que se afirma em Maria, a primeira das redimidas. Que graça, também, termos saído do antijudaísmo que, por tanto tempo, roeu os membros da Igreja e foram necessários o Vaticano II e o Jubileu do Ano 2000 para que ela fizesse penitência por seus filhos perdidos. Que graça, também, reconhecer no Santo Padre o Vigário de Cristo, e não um perigoso soberano temporal, como na época de Bonifácio VIII e de todos aqueles infelizes conluios com o poder político.

Havia esplendores na Idade Média. Havia também aberrações. Não foram as "trevas" denunciadas por Jules Michelet, nem a "grande claridade", exaltada por Gustave Cohen. Provavelmente, as trevas eram menos espessas do que hoje, mas as claridades eram também menores. A cristandade dava acesso ao mistério ao maior número de pessoas. Mas, ao fazer do cristianismo um estabelecimento mundano, ela também permitia instrumentalizações do Evangelho e a dinheirização dos sacramentos. É preciso mesmo lamentar os tempos da simonia? É preciso mesmo trocar Bento XVI por Alexandre VI, o Bórgia?

73. É inegável que a Europa está sendo afetada por um fenômeno de secularização: a existência do homem, nela, é concebida fora de qualquer aspiração a uma transcendência. Esse fenômeno tem tal amplitude que mesmo entre os cristãos a fé parece algo à parte, uma cereja no bolo, algo casual que arredonda, se não os fins de mês, ao menos os fins de semana; somos católicos durante boa parte da manhã de domingo, não é mesmo? Isto é, ao menos quatro ou cinco minutos durante a missa.

Todavia, essa infeliz secularização do mundo é também uma feliz dessecularização da Igreja. Agora é impossível escolher o sacerdócio como promoção mundana, com território e benefícios. O padre não é mais um notável, o estado de religião não aparece mais uma grandeza de posição, o século não vê mais no episcopado uma perfeição, mas um atraso, e é muito melhor assim, não contar com as honras do século.

Esse colapso da presença religiosa como força secular provocou, num primeiro momento, uma reação para mantê-la segundo os novos critérios dos tempos. É a aventura dos padres operários. Paradoxalmente, os padres operários foram um esforço para preservar os padres notáveis. Somente o critério de notabilidade tinha mudado: não se tratava mais de notabilidade segundo o mundo aristocrático, mas de notabilidade segundo a revolução comunista. Isso não durou.

O perigo encontra-se mesmo assim na reação fundamentalista. O fundamentalismo, enquanto teocracia, é um secularismo religioso. A transcendência, nele, não é mais transcendente. O Espírito não se distingue mais do mundo, nem o sobrenatural da natureza. A autoridade espiritual confunde-se com a temporal, e assim perde sua ascendência mais vertical. Esperemos que os sucessos do islamismo ou do evangelicalismo não nos incitem a cobiçar essa primazia sobre "os reinos do mundo e suas riquezas" (Mateus 4,8). Graças ao céu, os monges não estão mais na moda, e a virgindade consagrada não é mais bem vista. Hoje, as vocações religiosas (e até as simples vocações cristãs) encontram cada vez mais sua nudez sobrenatural. E essa é uma das mais preciosas bênçãos dadas ao nosso tempo.

74. Se há uma grande luz que, mesmo que estivesse sempre contida no magistério, só se espalhou na modernidade (especialmente de Francisco de Sales a João Paulo II) é o apelo universal à santidade, isto é, a afirmação mais

forte da superioridade das "grandezas da santidade" sobre as "grandezas da hierarquia".[2]

Anteriormente, tendíamos a considerar os casados os proletários da Igreja, úteis pelos filhos que faziam e que forneceriam, talvez, com um pouco de sorte, por multiplicar a criançada, um padre ou uma religiosa. Quando se ousava canonizar um casal casado, por exemplo Henri e Cunégonde, rapidamente se dizia que eles viviam em casa "como monges".

O que é bem engraçado, hoje em dia, é que aqueles que reivindicam para os leigos um lugar dominante na hierarquia da Igreja imaginam-se ultraprogressistas, ao passo que são superclericais: eles tendem a crer que a hierarquia é mais importante do que a santidade, ao passo que lhe é inteiramente subordinada. Contra esse atraso clerical, João Paulo II afirmou fortemente que o leigo é chamado a viver o essencial, em sua condição de leigo. Uma "teologia do sexo" pôde começar a desabrochar, assim como uma espiritualidade conjugal plena, que não é mais concebida como uma espiritualidade monástica de segunda classe. Agora posso olhar o corpo da minha mulher não mais como uma tentação, mas como um ícone.

A nova evangelização está profundamente ligada a esses desenvolvimentos do dogma. Não se trata de uma *reconquista*, que busca recuperar territórios perdidos. Trata-se de novos horizontes, abertos por uma consciência

---

[2] Tomo emprestada outra vez essa terminologia do padre Charles Journet.

maior da radicalidade da vida batismal, sejamos bispos ou encanadores, freiras ou mães de família, cardeais ou caminhoneiros, todos *clowns* de Cristo (cada qual segundo seu estado de vida), todos chamados à fecundidade do testemunho e a suas dificuldades.

DEPOIS DE AUSCHWITZ E DE HIROSHIMA

75. Após evocar brevemente o melhor da nossa época, chego ao pior. Esse pior está ligado à iminência de uma destruição total, daquilo que Günther Anders chama de "apocalipse nu", "sem reino": a pomba que Noé envia não volta, e a própria arca está condenada ao naufrágio. Essa iminência é designada por dois fatos históricos, por dois nomes próprios: Auschwitz e Hiroshima.

Em 1984, quando tinha 81 anos, Hans Jonas deu uma conferência intitulada "O conceito de Deus depois de Auschwitz". Nela, o velho filósofo faz memória de sua mãe exterminada com outros judeus, a fim de "não recusar a essas sombras algo como uma resposta a seu grito, expirado há muito tempo, para um Deus mudo".[3] O drama inteiro está aí, entre esses gritos extintos e o céu surdo. Como falar de um Deus de força e de bondade quando ele ficou mudo para a oração de seus filhos, passivo diante da "transformação

[3] Hans Jonas, *Le Concept de Dieu après Auschwitz*, trad. P. Ivernel, Rivages Poche, 1994, p. 8.

horrenda da eleição em maldição?". A secularização de que nos queixamos não tem sua parte nisso, porque sua transcendência parece ter-se transformado numa indiferente exterioridade? Jonas pergunta: "Que Deus é esse que pôde deixar isso acontecer? [...] Certamente devemos mandar embora o 'Senhor da História'".[4] Auschwitz não nos impede de falar de um "Deus bom", mas esse "Deus bom", em seu azul branqueado pela fumaça dos crematórios, só pode ser um "Deus fraco", impotente diante do mal. Jonas aqui talvez se aproxime do mistério da Cruz: o Senhor coloca toda a sua força em assumir a fraqueza humana e em entrar numa vulnerabilidade infinita para revelar que a verdadeira força é paciente, amorosa, e redentora. Mesmo assim, mais do que revisar sua concepção, parece que Jonas rejeita integralmente no divino o atributo de força, para preservar o de bondade. Porém, o que é um bem que não tem força de agir, se não um voto piedoso? Isso contradiz a razão teológica. Mas pouco importa. Como essa razão não pode ser esmagada diante da mãe e do filho que morrem pisoteados e asfixiados na câmara de gás?

Essa tese, tão comovente, não deixa de apresentar um grave problema. Não um problema exterior — um problema interno, relativo à intenção primeira de seu autor. Segundo essa intenção declarada, ele se esforça para devolver a voz às vítimas. E eis que, na conclusão, ela consagra o triunfo dos carrascos. Ela remata o extermínio dos

---

[4] Ibidem, p. 13.

judeus, pois depois de sua liquidação física, agora seria o caso de passar à sua liquidação espiritual: Hitler teria vencido Deus e a Bíblia, portanto Hitler é mais forte do que Deus, portanto a fé de Davi não tem mais lugar de ser — a única religião que resta ao judeu é a da Shoah... Essa é a censura feita por Benny Lévy a seus irmãos que fizeram de Auschwitz uma espécie de ídolo, a tal ponto que os campos de concentração se tornam a única terra prometida, e que Auschwitz toma o lugar da Torá.

76. Mesmo assim, há algo no rogar de Hans Jonas que caracteriza muito bem nossa época. Aquilo que revolve no fundo de seu questionamento é a forma (ou antes a deformidade) que o mal pôde tomar em Auschwitz, mas também com o Gulag: uma deformidade assustadora porque despojada de ódio, uma deformidade capaz de nos desalentar por ter sido armada conscienciosamente. Hannah Arendt chama isso de "banalidade do mal". Trata-se de um extermínio que não é ordenado pela barbárie, mas pelo refinamento; que não brota de um lance de raiva, mas de uma planificação ideal. Eis o que aterroriza: em sua essência, o nazismo e o comunismo destruíram *gentilmente*, em nome do bem da humanidade, por respeito às supostas leis da Natureza e da História.

O que isso significa para "hoje em dia"? Não que não podemos mais crer no Senhor da História, mas que não acreditamos muito mais na História como dialética do progresso, em que os homens acabariam por se salvar por suas próprias forças. Os totalitarismos nos prodigalizaram a demonstração de que a utopia do progresso terminava no império do terror. A parábola do joio e do trigo já nos advertia: quando o servo se julga o senhor, quando a criatura faz de si o juiz supremo, quando ela pretende extirpar toda a zizânia antes da hora da colheita, ela também arranca o trigo.

Por reação, chegamos a acreditar no liberalismo e em seu "império do mal menor". A selva feroz chegou a parecer uma saída ao terror de Estado. Feliz crise que nos curou dessa credulidade esquecida e cega! Crer no liberalismo é efetivamente esquecer que a ascensão dos totalitarismos foi consecutiva ao colapso organizado pelo sistema liberal: os plenos poderes de 1933 são o contragolpe da crise de 1929, e a obra de Marx foi escrita contra as abominações do capitalismo inglês. Isso é também não ver que, no fim das contas, o liberalismo e o totalitarismo irmanam-se numa miserável exploração comum das pessoas: eles compartilham a mesma religião do produtivismo, a mesma mística do trabalho. Assim, a China comunista é a oficina do mundo liberal, e as charlatanices do mercado acabam sendo não menos engenhosas e sedutoras do que os estribilhos da juventude hitlerista.

77. Isso não é tudo. A esse colapso *moral* da ideologia progressista soma-se a grandiosa perspectiva *física* de uma liquidação total. O general De Gaulle assim evoca sua descoberta dessas duas joias do nosso gênio inventivo que foram os bombardeios de Hiroshima e de Nagasaki: "Devo dizer que a revelação das terríveis máquinas mexe

comigo até o fundo da alma. [...] Posso não ficar surpreso, mas mesmo assim fico tentado pelo desespero ao ver aparecer o meio que permitirá aos homens, talvez, destruir a espécie humana".[5]

Eis que aquilo que "mata o corpo" (Mateus 10,28) pode também tocar "até o fundo da alma", e o grande político, autor das *Mémoires d'Espoir* [*Memórias de Esperança*], agora sente-se "tentado pelo desespero". Na mesma linha, em 1979, Arthur Koestler identifica um acontecimento que inaugura uma nova era (embora essa inauguração seja mais um fechamento), a ponto de agora ser mais conveniente contar os anos a partir do dia em que se revelou seu nebuloso cogumelo (embora essa conta seja mais um *final countdown*): "Se me perguntassem qual a data mais importante da história e da pré-história do gênero humano, eu responderia sem hesitar: 6 de agosto de 1945 [...]; desde o dia em que a primeira bomba atômica eclipsou o Sol acima de Hiroshima, é a humanidade, globalmente, que tem de viver na perspectiva de seu desaparecimento como espécie".[6]

78. O que define nossa época é não ser mais uma época, mas um prazo. O relógio cumulativo do progressismo cede à contagem regressiva de um catastrofismo generalizado. Aí é que está o que diferencia a crise de hoje em relação às crises anteriores: uma consciência mais ou menos

---

[5] Charles de Gaulle, *Mémoires de Guerre*, p. 271.

[6] Arthur Koestler, *Janus*, Prólogo.

confessada da finitude da espécie humana como espécie. Antigamente, sabíamos que cada um de nós estava individualmente destinado à morte; hoje, no horizonte deste mundo, sabemos que estamos inelutavelmente destinados a uma morte total, sem descendência ou *kaddish*. Nem os pobres vermes poderão aproveitar. Até a morte acabará morrendo, não graças ao triunfo da vida, mas por causa de sua extinção completa.

Assim como para os judeus a Shoah tende a tornar-se o acontecimento paradigmático, para os homens em geral (segundo Koestler e Anders), Hiroshima torna-se a data mais importante, pois assinala sua sentença de morte coletiva. O humanismo falhou. Os amanhãs não cantarão. Estão destinados ao silêncio intersideral.

É provável que o sucesso de um certo darwinismo deva menos a suas letras de nobreza científica do que a seu eco dessa possibilidade muito concreta de um desaparecimento total. Afinal, não passamos de uma montagem da evolução, de uma construção ao acaso, desprezível na escala do universo. Nosso ego lamuriento vem do jogo de Lego do DNA, jogo sem jogador, seleção sem eleição. Cada qual se consola como pode.

O FIM DA DURAÇÃO HUMANA

79. Somos as primeiras gerações a não crer num futuro longínquo. Antes, pretendia-se trabalhar para a posteridade. Mas e se não se acredita mais em posteridade?

O pensamento desfaz-se no curto prazo. Todo mundo se agita e ninguém mais age. Todo mundo superproduz, mas ninguém mais trabalha.

A obra, no sentido mais forte do termo, traz consigo o sentido de uma longa duração. Os mosaicos de Ravena, a Capela Sistina, uma tela de Cézanne têm uma estadia terrestre que ultrapassa a de um indivíduo e até a de várias gerações. Elas constituem um patrimônio, isto é, algo que sobrevive à morte de seu pai. Reduzindo-se tudo ao curto prazo, lançando-se tudo para o sucesso imediato, o indivíduo não quer mais ser pai (nem filho), e a obra tende a desaparecer. De que serve visar à longa duração quando o tempo parece apagado pela iminente destruição?

Restam artigos de consumo, novidades descartáveis, o pronto para usar e jogar fora. A multiplicação dos meios de arquivamento não faz a menor diferença. Qualquer pessoa, hoje em dia, "salva" e "posta" trepidantes insignificâncias, cuja inanidade tenta dourar, fotos de suas férias em Ibiza, um vídeo de seu buldogue realizando a proeza de andar para trás, a logorreia de seu blogue ou as músicas de seu *MySpace*. Porém, essas preservações digitais são a consagração dos dejetos. O esforço desesperado para deixar rastros por toda parte é exatamente o contrário da atenção em perfazer uma obra. Afinal, a obra não é a relíquia de uma vida defunta. Antes, é a semente de uma glória por vir.

80. A duração da obra, na mesma medida em que ultrapassa o tempo do indivíduo, é característica da presença humana. Nem o anjo nem o bicho deixam obra: o

primeiro, porque é contemporâneo de seus mais velhos, e permanece sempre presente diante daquilo que produz; o segundo, porque ignora essa duração que o espírito inscreve na matéria. Somente o homem recolhe um patrimônio e lega uma promessa. Somente o homem admira e produz obras. O tempo longo da obra é o tempo da história, da cultura e da política. Mas é também, mais essencialmente ainda, de nossa palavra aqui embaixo, a qual está na base de todos os patrimônios e de todas as promessas, e forma a base de toda tradição humana. Como a palavra — o *logos* — não é apenas um meio de comunicação, mas aquilo que faz a essência do homem, a crise do humanismo é também a crise da palavra.

Nossa capacidade de falar é natural, mas ela só se atualiza, como já dissemos, porque outros falam conosco, dirigem-se à criança não com a linguagem em geral, mas numa língua específica, polida como um seixo no rio de uma ascendência comum. Assim, somos naturalmente culturais: aquilo que perfaz a especificidade de nossa natureza só se desenvolve no seio de uma cultura singular. O homem no estado mais primitivo já é natural da Sicília ou de Auvergne: fala com seu sotaque, sai de um folclore familiar, nasce em Ambert ou em Messina, chama-se Henri ou Antonello. Antes da obra (ou como obra originária), a palavra inscreve-se no tempo humano mais longo. O vocabulário, a gramática, o rigor e a poesia de uma língua só são adquiridos se acreditamos tanto na grandeza de nossos pais quanto no futuro de nossos filhos. Recolhemos sua herança para cultivá-la e transmiti-la por nosso sopro. Se não visualizarmos mais concretamente as gerações futuras, se a aventura humana for para nós uma farsa amarga e fortuita num universo indiferente, é inevitável que deixemos a palavra se degradar, e que até a odiemos por não ter mantido a palavra.

81. Existem quatro maneiras de desertar o humano (veremos mais adiante que essas deserções são também degradações da palavra). A primeira é a menos desesperada: é abertamente niilista. Traídos em nossas esperanças mundanas, com nossos sonhos de infância destruídos, abandonamos o humano para ir na direção do *nada*. Porém, esse niilismo está longe de ser o pior. Ele reconhece seu desespero como desespero. As três outras formas de pós-humanismo derivam de um desespero mais niilista do que o próprio niilismo, porque têm a ver com um desespero que ignora a si mesmo.

Esse é especialmente o caso da segunda deserção, que é tecnocrática: o velho homem é manipulado para fabricar o *super-homem*. Adeus, *clown*! Descartado, esse bastardo da terra e do céu, do fracasso e da graça, esse complicado novelo de angústia e de esperteza, de melodia abortada e de dilaceramento de cima a baixo! Eis, enfim, o indivíduo sob medida, eficiente, pacificado, tão polivalente e manejável quanto um Thermomix.[7] Com seu crânio com conexão de banda larga, com sua carne com diversões integradas, com

---

[7] É um eletrodoméstico com infinitas funções, conhecido inusitadamente como "o robô da cozinha". (N.E.)

sua vida inteiramente funcional, protegido do tédio e do drama, ele é o coroamento da evolução, o ser perfeitamente adaptado ao mundo, como o parafuso à porca.

Terceira solução ou dissolução pós-humana: o ecologismo. O homem é regredido à *Mãe-Natureza*. Seguramente, do modo como é, nem bicho nem anjo, ele não tem verdadeiramente um lugar; ele aparece como um intruso, um predador, câncer do "planeta". O bonobo tem costumes mais simples. O tubarão é menos tubarão do que o banqueiro de investimentos. Os pequenos crocodilos são muito fofinhos. Um bebê humano, por outro lado, tem uma pegada de carbono nociva ao equilíbrio climático.

Por fim, a quarta opção, o fundamentalismo, que já mencionamos: o homem tem de submeter-se ao *Deus esmagador*. Seja em sua forma islâmica, evangélica ou zen, a questão é sempre livrar-se do tempo longo, da política e da cultura, para projetar-se sem história no além. O Livro contém tudo, basta recitá-lo. A meditação transcendental realiza tudo, basta sentar-se.

MISOLOGIA CONTEMPORÂNEA: SARCASMO, NOVILÍNGUA, GRITO PRIMAL E *FATWA*

82. Essas quatro deserções correspondem a quatro degradações da palavra, tão aterrorizantes quanto aquela outrora produzida pela ideologia progressista. Essa ideologia, na origem dos sistemas totalitários, defendia em seu discurso

o Homem, é verdade, ou o Povo, mas ignorava perfeitamente a realidade dos rostos em sua singularidade. E é por isso que, em nome do Povo, podia-se passar a multidão no moedor; em nome do Homem, eliminar Stanislas ou Fernande; em nome da Filantropia, poupar-se do amor ao próximo.

Nesse caso, assim como nos do pós-humanismo, trata-se sempre de um retorno da velha sofística que Platão já denunciava: a palavra não é mais ouvida como "hospitalidade ao mistério" de cada ser, mas tomada como "instrumento de manipulação". Antes de Platão, Davi assinala essa perversão. Um de seus salmos designa muito rigorosamente os ímpios como os que dizem: "Nossa força está na língua, nossas armas são nossos lábios. Quem poderá nos dominar?" (Salmo 12,5).

Assim, o niilista deixará a palavra cair no sarcasmo ou na futilidade; o tecnocrata, no modo de usar ou na "novilíngua" dos especialistas; o ecologista intransigente, no grunhido do animal ou no mutismo das plantas; o teocrata, na *fatwa* agressiva ou no mantra exaustivo.

83. O niilista pode usar uma língua refinada, mas sempre para se envaidecer por denunciar a vaidade por toda parte. Ele diz que tudo é vazio, que ele próprio não é nada, mas sente-se algo suficiente para poder afirmar isso de maneira altaneira e definitiva. Sua retórica é do tipo "A não passa de z", onde A maiúsculo é uma coisa que se costuma admirar, e z uma coisa que se costuma execrar. Isso oferece fórmulas tão mais estrondosas quanto ocas: "O ser é apenas o sonho do nada", "Onde se sente o cheiro do

homem, aí se sente o cheiro da merda", "Da inconveniência de ter nascido"... Sem temer a contradição, ele dirá que a própria palavra *é apenas* "uma farsa da matéria". Para ele, trata-se de algo bastante confortável diante da aparente abjeção: ao condenar-se, ele faz de si juiz supremo.

Assim, ele vislumbra o mistério, e compraz-se em reduzi-lo às trevas. Ele percebe a gratuidade da existência, o que é uma coisa boa; porém, a seus olhos sem olhar, essa gratuidade não é a da graça, que exigiria sua humilde gratidão; é a gratuidade do absurdo, que lhe permite cuspir na beleza, para evitar que ela o desconcerte.

84. O tecnocrata é indiferente: "O futuro está diante de nós, ao alcance das neurociências e das nanotecnologias". Seu vocabulário, certamente, é técnico e contém mais números do que palavras. "Eu te amo" é para ele menos real do que "$E = mc^2$". Essas equações são para ele a gramática do absoluto. O que ele diz não é para o homem comum, que deve prosternar-se diante de suas fórmulas como se estivesse diante da verdadeira língua sagrada. Afinal, enquanto o homem comum ainda fala em casamento, o tecnocrata fala em dopamina, endorfina, oxitocina, serotonina e testosterona. Basta encontrar a dose certa para instilar a grande paixão: com esse coquetel produzido por nossas indústrias, até um buraco de emmental bastará para o orgasmo... O tecnocrata, no entanto, não ignora as famosas técnicas de comunicação. Ele sabe pôr de lado suas fórmulas técnicas e tomar emprestada uma linguagem sedutora para atrair o homem comum, o qual repete, sem entender,

seus termos científicos e suas denominações comerciais. Agora ele sabe que o *iPad* é um progresso maior do que um passo na direção de um pobre.

Para o tecnocrata, no fundo, a questão não é falar com outros, mas melhorar o ciborgue. Sua linguagem não existe para acolher o real em sua fonte, nem mesmo para transformá-lo segundo seu destino; ela existe para colocá-lo em rede, para formatá-lo segundo a oferta e a demanda. Ele percebe que "o homem vai além do homem", e que ele existe para "transumanizar", como diz Dante, o que é bom; mas, para seus cálculos sem pensamento, esse transumanismo não é o da divinização: é o do artefato.

85. Justamente, diante de tantos artifícios ameaçadores, o ecologista lamenta o natural do primata. Se apenas pudéssemos voltar ao puro mugido do touro! Se apenas pudéssemos reencontrar a inocência dos lobos e a pureza dos tubarões! Se pudéssemos ter, ao menos, uma vida de cão! Infelizmente, há em nós todos os enredamentos da consciência, todos os inchaços de uma cabeça grande que vai explodir o planeta. Nosso ecologista, assim, tirará sua língua do lado do grito primal. Não é evidente que rugir como um tigre é mais nobre do que discorrer como um subsecretário do Ministério da Economia? Não é mais certo que o balir do camelo é mais sincero e mais puro do que as confissões de um ganhador do prêmio Goncourt? Que toda humanidade, enfim, não é nada diante do doce canto das baleias?

Esse fascínio pelos gritos dos nossos amigos animais contra nossos inimigos homens não impedirá empréstimos tomados do espiritualismo e do cientismo: nosso filho de Gaia mistura ao bel-prazer darwinismo e chakras, camada de ozônio e energia positiva. Ele percebe a loucura de nossa desmedida, o que é bom; mas, em sua natureza ignorante da humana natureza, em vez de nos medir segundo uma medida divina, ele nos fagocita segundo as dimensões de uma animalidade fantasmática.

86. O homem, mesmo assim, não foi feito para andar de quatro: foi criado para humilhar-se cinco vezes por dia. O fundamentalista percebe nossa vocação eterna, o que é uma coisa ótima; porém, em sua piedade sem piedade, essa vocação se dá contra a liberdade, ou contra a carne, ou contra a razão, segundo sua variante... O Livro abole os livros; a Palavra de Deus cala a palavra humana. Não há nada a fazer além de repetir essa palavra divina sem comentário, e impô-la sem discussão.

Segundo toda evidência, a elevação religiosa manifesta-se por meio das presas raivosas do cão de guarda e da recitação mecânica do papagaio. O rabínico tem de ceder lugar ao rábico; o coração, ao de cor. O fundamentalista é também niilista porque nega a consistência deste mundo. É tecnocrata à sua maneira, pois submete todo discurso à injunção de um utilitarismo espiritual. É ecologista do Céu, pois quer dissolver o homem não na Natureza inconsciente, mas no Deus onisciente.

Podemos vê-lo com essa última figura: mesmo que ela se oponha violentamente a elas, cada qual tem analogias com as outras. Todas concorrem entre si no grande mercado da fuga. Todas concordam em declarar a morte do humano e em desdenhar a essência da palavra. Elas recusam unanimemente balbuciar diante daquilo que nos ultrapassa e que nos salva.

PREGAR A SALVAÇÃO DO SUJEITO SUSPEITO

87. Chegamos a este ponto. As pessoas continuam tagarelando sobre futebol e salários, mas no fundo de sua voz há aquele tremor diante de uma morte sem lembrança, e é isso que torna perturbador o fato de que elas ainda consigam falar desses nadas. A possibilidade da destruição total assombra nossa palavra e a corrói desde dentro. Existem, no entanto, aqueles que continuam a discutir o preço do alho-poró, a dizer "eu te amo", a ler Homero e Calvino, a construir a casa onde seus filhos podem brincar... Eles cegam-se, sem dúvida, eles desviam o olhar da catástrofe; mas, ao mesmo tempo, como impedir de ter por eles uma imensa ternura? Eles não têm razão de buscar essas coisas ordinárias que, diante da aproximação da morte total, parecem cada vez mais miraculosas? A partida de futebol acontece à beira do abismo; o simples fato de ela acontecer, quando tudo ameaça soçobrar, dá-lhe o caráter de um acontecimento emblemático da humanidade ainda viva.

Penso nas palavras de Günther Anders numa entrevista que deu perto do fim da vida. Ele tinha sido marxista, mas sua lucidez diante da nossa época o obrigava a dizer: "As coisas chegaram a tal ponto que eu gostaria de dizer que sou 'conservador' em matéria de ontologia, pois aquilo que importa hoje, *pela primeira vez*, é conservar o mundo exatamente como é. [...] Existe a famosa fórmula de Marx: 'Os filósofos até agora apenas interpretaram o mundo de diversas maneiras; o que importa é transformá-lo'. Atualmente, porém, essa fórmula está ultrapassada. Hoje, não basta mais transformar o mundo; antes de tudo, é preciso preservá-lo".[8]

O "hoje" que se encontra na última frase ressoa com a consciência daquilo que acontece "pela primeira vez" na história da humanidade: "Hoje, não basta mais transformar o mundo; antes de tudo, é preciso preservá-lo". Preservar o futebol, o penne, um poema de Leopardi, o casamento do homem e da mulher, o nascimento de seu bebê, seja ele deficiente ou, o que seria mais trágico, esteja destinado a tornar-se inspetor de finanças... Diante da destruição próxima, todo esse cotidiano exige ser recebido com gratidão, com o senso agudo de que isso nos é dado como uma graça, isto é, com um olhar sobre o mistério de nossa existência (notem que Anders emprega a palavra "ontologia"), uma palavra sobre o milagre de toda vida precária, que liberte outra vez os lábios na oração e no canto. E é por isso que a possibilidade da destruição total,

---

[8] Günther Anders, *Et Si Je Suis Désesperé Que Voulez-Vous Que J'y Fasse?*, Allia, 2004, p. 76.

que ameaça nossa palavra, também oferece à nossa palavra a ocasião de recobrar sua profundeza:

> Está perto,
> E difícil de alcançar, o Deus.
> Mas onde há perigo
> Há também salvação.[9]

88. Anders opõe conservar o mundo e transformá-lo porque só cogita a transformação utópica ou prometeica. Na verdade, hoje, a conservação supõe uma transformação — a do coração. A conservação exige uma conversão.

A partir de agora, como vimos, o humano parece ter perdido sua legitimidade. Não enxergamos mais, no horizonte mundano, por que fazer filhos, por que prolongar o acontecimento de nascer, por que não se abortar logo de uma vez (niilismo), por que não fabricar androides (tecnocracia), ou preferir ter um cachorro (ecologismo), ou embalar pequenos fanáticos em berços repletos de explosivos (fundamentalismo)... Diante dessas heresias pós-humanistas, tomamos cada vez mais consciência de que o Evangelho fala de uma transformação do homem que é uma conservação do humano;

---

[9] Reconhecemos os dois célebres versos de Hölderlin martelados pelos epígonos de Heidegger, mas quase sempre mutilados dos dois versos anteriores. Gostaríamos de esquecer o deus absolutamente próximo e inapreensível. Fazemos como se esse hino não se intitulasse "Patmos", nome da ilha onde São João recebeu sua visão do Apocalipse, e como se esses versos não tivessem por fim "Pintar uma imagem onde se visse, / Tal como havia sido, o Cristo" [Reproduzimos os versos de Hölderlin conforme a tradução de José Paulo Paes. (N. E.)].

que ele reclama uma santificação do homem que não é sua robotificação piedosa, mas a confirmação do próximo como próximo, com seus defeitos, fracassos, sua cara que não nos apetece, seu drama que desafia os teoremas. A transfiguração do palhaço antes da dominação do titã. A redenção do "tipo suspeito", como diria Pier Giorgio Frassatti, antes da manufatura de indivíduos com zero defeitos.

89. Temos esta palavra do Cristo sobre o fim dos tempos: "Porque, nos dias antes do dilúvio todos comiam e bebiam, casavam-se e davam-se em casamento, até o dia em que Noé entrou na arca. E eles nada perceberam, até que veio o dilúvio, e arrastou a todos. Assim acontecerá também na vinda do Filho do Homem" (Mateus 24,38-39). Esses versículos exprimem o caráter inesperado da Parusia. O surpreendente, mesmo assim, é que esse acontecimento glorioso seja comparado ao dilúvio exterminador, e que o inesperado surja no próprio interior do desespero. Porém, há algo de ainda mais surpreendente. É a arca.

Será que Jesus despreza essas pessoas que comem e bebem, que se casam e que casam os filhos? Pelo contrário: ele quer salvá-las, quer salvar suas pobres núpcias de aldeia iluminando-as com sua Aliança, quer salvar as vulgares bebedeiras fazendo correr solto o vinho de seu sangue. Ele não anuncia o fim do mundo com o prazer amargo da destruição, como os profetas do ressentimento, repletos de ingratidão quanto ao *pão cotidiano*. Ele anuncia essa arca no meio do cataclismo, na qual "todo ser", com "todas as coisas para comer", e "em casais", os "puros" e também os "impuros", a fim de "lhes conservar a vida" (Gênesis 6,17 ss). Essa arca, que lhes permite ainda comer e beber, casar-se e dar-se em casamento, mas na consciência de sua salvação e, portanto, na prece de súplica e nos cantos de louvor.

90. O que isso significa para aqueles que têm de falar de Deus hoje? Que a Nova Evangelização é mais radical. Que ela deve ser anúncio de salvação, e de salvação não de um homem ideal e virtuoso, mas de um fulaninho qualquer exatamente como é, com sua cara que não vale nada, mas que foi redimida; com suas quedas reincidentes, mas que pedem perdão... Nessa iminência da aniquilação completa, a palavra é chamada a ser como uma arca, a ser recuperada como um bom dia: essa saudação que dizemos todos os dias, mas que diríamos enfim de uma vez por todas, ao fazer entrar em nossos dias a luz de um olhar divino...

Isso implica, particularmente, não cair mais num moralismo que não vale mais nada nessa circunstância. Dizer a alguém que aquilo que ele faz é ruim, que prejudica o irmão, que ele próprio corre para o suicídio, não tem muito peso num mundo prestes a ser devorado. Ele sempre poderá responder: "Isso que eu faço é suicida, e daí? Não vamos todos desaparecer? Um pouco antes, um pouco mais tarde, de um jeito ou de outro, que diferença faz!...". Seu coração sabe que o que ele diz é falso. Porém, essa falsidade só pode ser manifestada à luz da esperança, na medida em que ele tem fé na Vida.

Em sua essência, a moral é apenas aquilo que nos dá os meios de chegar à beatitude. Se meu interlocutor não crê mais ou menos na beatitude, meus mais persuasivos sermões não o atingirão, ou o atingirão mal; minhas palavras parecerão saídas de dogmas fantasistas e de normas arbitrárias, ele vai achar que estou tentando arregimentá-lo, quando quero apenas preservar o mistério de seu rosto. Por mais que eu convide para a arca, ele achará que estou tentando colocá-lo na prisão. É por isso que, mais do que nunca, quando, do ponto de vista temporal, a busca da felicidade parece terminada, é preciso pregar a esperança antes de moralizar, anunciar a salvação antes de denunciar o salafrário.

(O que não quer dizer que temos de mergulhar nossas palavras na calda, e trocar o sal pelo açúcar. A pregação da esperança é terrível porque supõe que estamos pregando, primeiro, o desespero do mundo. A Boa Nova da Misericórdia é terrível, pois supõe que anunciamos primeiro a má notícia da nossa miséria. Isso quer dizer olhar a realidade de frente e, segundo aquilo que foi dito a Moisés, ninguém conseguiria olhá-la sem morrer...)

91. Falar de Deus hoje encontra sua justa medida naquele adágio dos teólogos de antigamente: *Gloria non tollet naturam*,[10] a glória não destrói a natureza, mas a ultrapassa e a realiza. Como dizer isso? A questão não é apenas falar dos fins últimos (porque não enxergamos mais futuros radiantes), mas falar também dos fins últimos daquilo que salva as coisas primeiras. Mostrar que a santidade e a simplicidade

---

[10] São Tomás de Aquino, *Suma Teológica*, supl. 82, 4, 5.

coincidem (nossa divinização é também nossa humanização mais profunda); que o pão sobrenatural não se opõe ao pão cotidiano, que a eternidade não rejeita, mas "aproveita ciosamente o tempo" (Efésios 5,16). A Igreja está cada vez mais nessa posição: ela afirma a Onipotência divina para defender a liberdade humana; ela nos eleva ao mais alto dos Céus para garantir a diferença sexual abaixo de nossas cinturas; ela fala das entranhas divinas da Trindade para recordar a coisa elementar, que o útero da mulher é o santuário da vida; ela invoca o Infinito para confirmar a dignidade de meu vizinho doente.

Aí também a posição é desconfortável: é o grande afastamento. Na verdade, é a grande proximidade (o que, de resto, não é menos embaraçoso). É o mandamento simples, nada fácil, do amar a Deus e ao próximo como a si mesmo... O que significa, por exemplo, que o rosto da sra. Grolley, minha vizinha, é chamado a tornar-se celeste, e que preciso fazer que ela admita isso, e eu mesmo também preciso admitir isso... Sim, com seu fino buço, com sua boca fechada, com sua dentadura chamativa, e com suas carnes flácidas, é dela também que Deus quer fazer templo de sua glória...

Vocês entendem que, no discurso sobre a catástrofe, os falsos profetas dizem: "Depois de nós, o dilúvio". Os verdadeiros profetas constroem a arca, e nela colocam toda a fauna que os cercam. Eles não desprezam a vida mais ordinária e mais humilde, porque sabem que o Cristo não é apenas o Caminho e a Verdade, mas também que Ele é a

Vida, e toda vida tira Dele sua origem misteriosa. O que eles teriam de melhor a fazer para não ser cúmplices da morte, além de não apenas celebrar a vida, mas também chamar toda vida a essa celebração? "Tudo o que respira louve o Senhor" (Salmo 150,6). Eis por que, mesmo à beira do abismo, mesmo às vésperas de uma deflagração mundial, eles convidam a vizinhança, inventam canções, festejam núpcias, têm filhos. Mesmo mandados para um estábulo ou para um vagão com animais, mesmo condenados ao exílio na casa da servidão, mesmo com a aproximação do massacre anunciado, eles têm filhos; não porque visam a seu sucesso mundano, à propagação da espécie ou ao triunfo do Partido, mas porque sabem que cada rosto foi feito para resplandecer para sempre. Jesus disse isso claramente: "Quem receber esta criança em meu nome estará recebendo a mim. E quem me receber, estará recebendo aquele que me enviou. Pois aquele que é o menor entre vocês, esse é o maior" (Lucas 9,48). Essa palavra costuma ser interpretada de maneira mística: atrás de toda criança esconde-se o Cristo. Porém, ela também possui um sentido muito concreto: não podemos receber uma criança se não recebemos o Messias que a salva, pois, sem esse Salvador, por que recebê-lo? Se terá de sofrer por nada, por que não impedi-lo de nascer se terá de se banquetear no pó?

92. Posso exprimir essas coisas de maneira mais massificada (a fim de ajudar a compreensão dos jornalistas presentes na sala). É o fim do humanismo ateu ou do humanismo antropocêntrico. Porém, essa destruição das

grandes esperanças utópicas é uma ocasião extraordinária para essa coisa terrível que denominamos esperança (terrível porque ela implica o desnudamento; lembremo-nos do que disse Tristan Bernard quando foi detido pela Gestapo: "Vejam, até agora vivíamos na angústia, mas ora, vamos viver na esperança"). A partir de agora, e cada vez mais, aqueles que ainda estarão do lado do humano e aqueles que ainda estarão do lado da palavra não poderão mais se basear em alguma ideologia qualquer do progresso. Eles serão obrigados a encontrar, para o humano, uma legitimidade não mais temporal, mas eterna. Terão de voltar-se para um "humanismo integral" para retomar uma expressão de Jacques Maritain ou para explicitar esse ponto com uma expressão de Paulo VI, um "humanismo teocêntrico".[11]

O prognóstico fatal não é mais um obstáculo. É, antes, o precursor de uma remissão mais alta. A graça não começa depois da condenação? Não existe mais futuro à luz dos seus horóscopos? Já era hora! A esperança teologal não precisa de futuro. Ela o inventa, a partir de sua fé no Eterno. Ela abre um caminho no meio do mar. Ela atravessa "vales áridos, e os transformam em oásis" (Salmo 83,7).

---

[11] Paulo VI, *Encíclica Populorum Progressio*.

Conclusão, para não concluir

CHEGAR A BALBUCIAR

93. Será que eu realmente disse algo? Será que consegui balbuciar de vez? Temo ter sido retórico demais. "Quantas palavras!", digo a mim mesmo, a menos que algumas dessas palavras tenham sido como atos jorrados de nossa alma, que tenham tido aquela força não de tribuno, mas de criança; não de grande orador, mas de tartamudo. Certamente há tartamudezas que ficam abaixo do discurso: é o blá-blá-blá de Babel, como indica o nome. As pessoas não se entendem mais porque achavam que entendiam tudo. Ficam quietas porque não estão mais abertas ao porquê. São consideradas deuses, manipulando todas as coisas como querem, e eis que, diante do acontecimento de sua vida, parecem menos do que bichos: o orgulhoso engenheiro apaixona-se, ou se encontra diante da morte, e todos os seus meios tão eficazes viram fumaça.

É então que aparecem os balbucios que estão além do discurso, e que correspondem à capacidade extrema da palavra. Falei da súplica e do louvor, da oração e do canto. Recordei que, depois de seu combate com o anjo, Jacó fica manco para sempre. Assim manca a palavra que se aproxima do mistério do ser. É o estupor de Moisés diante da sarça ardente: "Meu Senhor, eu não tenho facilidade para falar, nem ontem, nem anteontem, nem depois que falaste ao teu servo; minha boca e minha língua são pesadas" (Êxodo 4,10). Certos bem-falantes imaginaram que Moisés sofria de disfasia, que era gago ou que tinha a língua presa. Mas é exatamente o contrário. Sua falta vem do fato de que sua palavra precisa dar testemunho de um excesso. Trata-se de uma logopatia sobrenatural, e não doentia: sua língua é afetada pelo Logos divino. Essa afetação é a prova de que ele não fala por vontade própria, de que é enviado pelo Outro e para os outros, e que por isso está sempre sobrecarregado.

94. A força da publicidade, a eficácia das relações públicas, o domínio da arte oratória, por excesso de esperteza, acabam se voltando contra a verdade da palavra. O próprio Aristóteles reconhecia isso. No começo de sua *Retórica*, ele demarca os limites dessa disciplina: "Não é exato dizer, como fazem alguns daqueles que trataram da retórica, que a probidade do orador não contribui em nada para produzir a persuasão".[1] A retórica é a arte de persuadir. E, no entanto, a "grande força persuasiva" não vem da retórica, mas da ética. A arte do orador chama menos a atenção do que sua vida.

---

1 Aristóteles, *Retórica*, 1356a.

De fato, se vocês tivessem se convencido pela minha arte, eu só teria conseguido atraí-los para mim e para meu virtuosismo, ou então teria suscitado sua desconfiança diante de tanta sagacidade. Lembro-me de uma noite em que, voltando juntos de uma palestra que eu tinha dado, meu querido vizinho Claude Mussino me disse com bondade: "Você foi muito brilhante. Tão brilhante que ficamos com a impressão de que você poderia também ter defendido a tese contrária...". Juízo perigoso, que reduz a nada muitas páginas que pude escrever.

Eis um exemplo contrário, uma menina que não possui talento retórico nenhum: Bernadette Soubirous. Ela chega sem fôlego, com a voz trêmula, a frase entrecortada, para repetir, em seu *patois* bearnês, a palavra que a Grande Dama Branca acaba de confiar-lhe: *Que soy era Immaculada Concepsiou*. Ao ouvir essas palavras, o padre Peyramale, cético, fica transtornado. Todas as suas suspeitas se dissipam. A moça de 14 anos balbucia demais para estar enganando. E como essa iletrada teria inventado essa surpreendente metonímia? Bernadette é o exato oposto de um orador. Foi por isso que ela pôde ser o próprio exemplo da testemunha.

95. O balbucio de que falamos não é uma pose. Vem de uma experiência, do contato com um acontecimento. O teólogo, o poeta, o filósofo, o comunicador têm de colocar-se a serviço dessa experiência. Porém, é a testemunha que a transmite. Imagine alguém que acaba de assistir a um acidente. Vai ficar descomposto, gaguejar, ou até ser incapaz de alinhar uma frase coerente. Ora, essa incoerência

é o sinal da sua sinceridade. Sua gaguez confirma a verdade de sua palavra. Se ele transmite a coisa com um vocabulário seleto, uma elocução impecável, uma maestria distanciada, sua própria coerência será contraditória; ele não repercutirá em nada o choque desse acontecimento, nos deixará até mesmo pensar que esse choque é apenas sua invenção genial.

Certamente, para estar no balbucio da testemunha, não é necessária uma aparição miraculosa. Basta amar. A aparição da beleza, a presença de um ser radiante, seja uma simples flor, e pronto, fomos pegos pela garganta. Mas existe também o simples contato com a existência, seu ímpeto para a beatitude, seu choque contra a morte. Como, sem balbuciar, evocar a alegria que nos atrai e a angústia que nos oprime?

Em se tratando de testemunhas do Cristo, sua experiência é a de um encontro com outras testemunhas e, por meio dessas testemunhas, com a própria Palavra de Deus nas Escrituras e na oração, na Eucaristia e na comunhão fraterna. Tudo começa com este fato: eis um homem como nós, que caminha conosco, que come conosco, que festeja conosco, que morre como nós, mais miserável do que nós, como malfeitor, até como blasfemador e, no entanto, esse blasfemador é Deus. O Criador, que é a fonte das criaturas, faz-se uma criatura entre outras, não para rivalizar com elas, mas para assumi-las em sua própria Vida — e eis que o mais espiritual se une ao mais carnal, a glória mais alta à natureza mais comum, a misericórdia mais insondável à miséria mais abissal. Não existe palavra adequada diante dessa desproporção, ou melhor, a única palavra adequada é aquela que balbucia, maravilhada e assombrada — a única postura autêntica, aquela que perde o equilíbrio e vai atrás do Verbo Encarnado ao mesmo tempo que anda para trás.

96. Assim, os discípulos são mandados de dois em dois, quando não sabem quase nada. Sua missão é anterior à sua compreensão. Como eles poderiam atingir a esperteza do discurso? Aliás, eles levam na viagem menos equipamento e mais despojamento: "Vão! Estou enviando vocês como cordeiros para o meio de lobos. Não levem bolsa, nem sacola, nem sandálias, e não parem no caminho para cumprimentar ninguém" (Lucas 10,3-4). Até a polidez lhes é tirada: não saúdam mais ninguém, pois devem levar a todos a Salvação.

Qual é sua mensagem quando chegam a algum lugar? *Paz a esta casa*. Em outras palavras, aquilo que nós dizemos todos os dias: *Shalom*, ou o bom dia às suas famílias, senhoras e senhores... A palavra de ordem também contém outra coisa: "O Reino de Deus está próximo de vós"... Eis tudo. Então as pessoas lhes perguntam: "Mas o que é esse seu Reino? Porque aqueles que acabam de se aproximar são vocês dois, esse seu número de *clowns*, a sua dupla de estabanados!". "Bem, não podemos dizer outra coisa. Somos apenas emissários. A palavra de ordem é: 'O Reino está próximo de vós'. Será que isso quer dizer que nós somos o Reino? Francamente, seríamos os primeiros a ficar surpresos. Porque vocês bem veem que somos como vocês, com nossas pobres fuças que nada têm de majestoso. Para dizer de uma vez, não entendemos muita coisa nessa história. Mas Ele nos enviou — seu nome é Jesus. Será que Ele vai fazer o Reino como um trapeiro, juntando nossas pobres caras que já sofreram todas as causas frívolas e más? Será que andar em dupla, mandados por Ele, e para os outros, ser irmãos assim todos juntos de seu Pai, basta para fazer de nós reis?".

Que a missão antecede a compreensão decorre de um mistério ainda mais profundo, cantado por São Paulo no hino aos Efésios: "Ele nos escolheu em Cristo antes de criar o mundo" (Efésios 1,4). A eleição precede a criação (o que retoma o pensamento talmúdico segundo o qual o Eterno criou o retorno — a *techuvah* — antes de criar o universo). Como admirar-se porque o Eleito tem de andar onde ainda não há nada? Como admirar-se por Ele ter de testemunhar a doçura onde ainda existem apenas bestas ferozes? E ao mesmo tempo, como não se admirar por seu equipamento estar no supremo despojamento? Ele é o funâmbulo, cujo fio é inventado a cada um de seus passos acima do vazio. Ele é o cordeiro em meio aos lobos.

A LINGUAGEM DA CRUZ

97. Para terminar, ou para recomeçar, volto ao estupor de Moisés. Há seu estupor diante da sarça ardente. E depois há o estupor que o toma em seguida, a cada vez que o Senhor pede que ele fale. Não sei se vocês já notaram essa bizarrice tragicômica. O Senhor o manda pedir ao Faraó a

libertação de seu povo. Podemos imaginar que, delegada pelo Todo Poderoso, a palavra de Moisés será irresistível. Ora, ninguém a escuta: nem o Faraó, nem os hebreus. Esses últimos censuram-no até por tentar libertá-los. *Os vigias israelitas disseram a Aarão e a Moisés:* "Que Javé examine e julgue a vocês, porque vocês é que nos tornaram odiosos ao Faraó e à sua corte, e puseram na mão deles uma espada para nos matar" (Êxodo 5,21). E com razão: a cada vez que o profeta fala, o coração do faraó endurece e a escravidão dos hebreus fica ainda pior. Do ponto de vista da comunicação, o fracasso é completo. Moisés chega a reclamar com o Eterno: "Senhor, por que maltratas este povo? Por que me enviaste?" (Êxodo 5,22). No segundo relato da vocação de Moisés, esse fracasso é anunciado diretamente. Moisés diz ao Senhor: "Não sei falar com facilidade. Como é que o Faraó vai me ouvir?" (Êxodo 6,30). E o Senhor lhe responde tranquilamente: "Você falará tudo o que eu mandar, e seu irmão Aarão falará ao Faraó [...] O Faraó não vai ouvir vocês" (Êxodo 7,2,4). Aqui já encontramos o envio em dois, Moisés e Aarão, a fim de que os meios do anúncio coincidam com o objetivo do anúncio, isto é, que a comunhão pregue a comunhão; e também encontramos o envio como ovelhas em meio a lobos, pois essa ordem fraternal primeiro está destinada a ser ineficaz.

Serão necessários a *mão forte* e o *braço estendido* de Deus para que o Êxodo possa realizar-se. Porém, os hebreus cruzam o mar Vermelho, libertam-se, enfim, da Casa de Servidão, e as coisas pioram ainda mais. O faraó resistir, isso é compreensível, mas nossos próprios irmãos... Aqueles mesmos que viram os sinais e a peste, as ondas se afastando e o fogo que os guia! O tempo inteiro recriminações, e até mesmo saudades do pepino e das cebolas do Egito. E Moisés gemendo: "Por que tratas tão mal o teu servo? Por que gozo tão pouco do teu favor, a ponto de me impores o peso de todo este povo?" (Números 11,11). Outra vez, a eficácia que Deus dá à palavra de seu enviado não tem nada a ver com a eficiência hipnótica de um supermarketing. Antes, parece a eficácia da contraperformance, da bucha de canhão, do fiasco. Sem a eficácia divina, Moisés teria ficado no conforto, a vida inteira cuidando dos rebanhos de Jetro. Mas eis que ela colou nele, esse povo de cerviz endurecida. Eis que ela o colocou numa encrenca, por assim dizer, e ele tem de reconhecer que foi uma graça...

98. O Senhor mesmo assim advertiu: essas contrariedades não são impedimentos. Antes, elas constituem o arcabouço do anúncio. "Eu, porém, vou endurecer o coração do Faraó, e multiplicarei sinais e prodígios no país do Egito" (Êxodo 7,3). O endurecimento dos corações permite a multiplicação dos sinais (nove sinais e uma peste, aí!, porque a resistência é de bater a cabeça contra a pedra). Os sinais são milagres, mas há também o sinal do sangue.

Vimos que a verdadeira palavra brotava da vida. É, portanto, a própria vida que está em jogo na palavra sobre Deus. Não é uma teologia geral, uma promoção individual ou um império mundano. Com uma teoria, bastaria demonstrá-la. Para uma promoção, bastaria seduzir.

Para um império, bastaria ser materialmente mais forte. Ora, aqui se trata daquilo que agarra sua vida sem que você consiga agarrá-lo. Então, você está sempre com as mãos no fogo e com os pés no campo. Você não quer esquecer nada do Evangelho? É preciso que a partir de agora você coloque a vida em risco o tempo todo. O grande Salmo 118 repete: "Minha vida está sempre em perigo, porém não me esqueço da tua vontade" (Salmo 118,109).

As perseguições não são um obstáculo. Elas abrem o mesmo espaço do testemunho, porque são a ocasião de falar verdadeiramente de Deus e de seu amor forte como a morte. Elas permitem, apesar delas mesmas, falar como o Verbo falou, isto é, com "a linguagem da Cruz" (1 Coríntios 1,18). Elas permitem, apesar delas mesmas, *santificar o nome*, isto é, não apenas pronunciá-lo com os lábios, como uma palavra entre outras, mas levá-lo com toda a vida, proferi-lo com a ferida do coração.

Alguns imaginam que o martírio é uma espécie de acidente. Que ele poderia ser evitado, dessalgando o Evangelho, arredondando as pontas do crucifixo, enfim, sabendo comunicar melhor. Porém, o martírio é uma lei constitutiva da Igreja Peregrina. O grande teólogo Erik Peterson recordava oportunamente nos anos 1940: "Certos espíritos conciliadores inclinam-se a crer que tudo aquilo que acontece de ruim neste mundo pode ser atribuído a simples mal-entendidos. Se lhes déssemos ouvidos, seria preciso dizer que a crucificação do Cristo e o martírio dos apóstolos são consequência de mal-entendidos [...]. As palavras de Jesus mostram, pelo contrário, que não foi um equívoco humano que criou o martírio, mas uma necessidade divina".[2]

Vocês podem dizer que as pessoas os perseguem porque elas não os compreendem, e apresentar-se como vítimas infelizes. Mas talvez elas os tenham entendido muito bem, talvez elas precisem passar por isso para se dar conta do horror até onde sua soberba as conduz, talvez elas vejam que vocês dão testemunho de algo que os ultrapassa, que o seu sangue se torna semente, que as suas chagas se abrem como a boca mais eloquente: "Vocês se aproximaram do sangue da aspersão, que fala muito mais alto que o sangue de Abel" (Hebreus 12,24). Ah, não se trata de jeito nenhum de morbidez nem de inclinação suicida. Se pudéssemos, nos pouparíamos dessa coisa assustadora, que aliás não é tanto morrer, mas ser morto precisamente por aquele cuja salvação desejamos, e ver o esgar de ódio desfigurar seu rosto feito para a luz... Mas o testemunho da misericórdia quer isso.

99. Como falar de Deus hoje? O *clown* tem seu nariz vermelho. E vós, Eminência, o vermelho também é seu ornamento. Em sua alocução para a criação de 22 novos cardeais, em 18 de fevereiro de 2012, Bento XVI explicava que um cardeal era um servidor, e que seu serviço não deveria ter nada em comum com "o estilo mundano do poder e da glória". Em seguida, ele recordou o que o barrete e as

---

[2] Erik Peterson, Didier Rance, Témoin de la vérité, *Ad Solem*, 2007, p. 84.

vestes cardinalícias simbolizavam: "Aos novos cardeais, é confiado o serviço do amor: amor a Deus, amor à sua Igreja, amor aos irmãos com dedicação absoluta e incondicional — se for necessário — até o derramamento do sangue, como diz a fórmula para a imposição do barrete cardinalício e como indica a cor vermelha das vestes que trazem". O vermelho que vestis, Eminência é, portanto, o sinal do seu amor pelo próximo, isto é, por qualquer sujeitinho (eu inclusive), com uma dedicação que pode chegar à morte: o púrpura da vossa dignidade não é a sede de uma soberania mundana, mas o anúncio da nudez que sangra, da pobreza flagelada do *Ecce Homo*, a que vos chama vossa vocação de servidor e de testemunha.

Por último, podemos meditar as últimas palavras de Jesus no Templo: "Mas antes que essas coisas aconteçam, vocês serão presos e perseguidos; entregarão vocês às sinagogas, e serão lançados na prisão; serão levados diante de reis e governadores, por causa do meu nome. Isso acontecerá para que vocês deem testemunho. Portanto, tirem da cabeça a ideia de que vocês devem planejar com antecedência a própria defesa; porque eu lhes darei palavras de sabedoria, de tal modo que nenhum dos inimigos poderá resistir ou rebater vocês" (Lucas 21,12-15). Isso é que responde muito bem nossa pergunta "como falar de Deus hoje?". Responde muito bem porque nos mostra que não existe resposta técnica ou teórica, mas que cada um de nós tem de ser uma resposta, uma resposta que não compreendemos, mas que somos, seguindo o Verbo em seu caminho de cruz (e de alegria). Não se trata de ter uma retórica sublime nem de se gabar de não ter retórica nenhuma. O essencial é ser, com o Cristo, uma palavra viva e entregue aos outros e, portanto, menos ter uma palavra sobre Deus do que sermos uns para os outros uma palavra de Deus. Os seus adversários não poderão resistir — o que lhes será deveras insuportável. Não podendo tapar a sua boca, eles tentarão tapar vocês inteiros. E é por isso que, com um pouco de sorte, eles os matarão. A linguagem da Cruz terá então atingido o máximo de eficácia, pois, apesar de si próprios, seus carrascos rematarão a sua conformidade com a Palavra crucificada.

Como posso dizer coisas assim? Como ousei falar essas coisas que são grandes demais para mim? Espero que todos vocês tenham sentido meu ridículo. Outra vez, eminência, caros padres, irmãos e irmãs, não domino meu tema, o vermelho está nas minhas bochechas. Espero, porém, uma coisa, sob o risco de decepcioná-los ainda mais, que é não ter contribuído em nada para *premeditar nossa defesa*...

DO MESMO AUTOR, LEIA TAMBÉM:

Com sua prosa envolvente, Fabrice Hadjadj constrói uma mística da carne que devolve ao ato sexual a sua concretude: o sexo é, antes de tudo, o órgão em que ele ocorre. Por isso, é plural: o que existem são sexos, o do homem e o da mulher. De Homero a Sade, na literatura; de Aristóteles a Heidegger, na filosofia; de Molière a Dario Fo, na dramaturgia; além, é claro, do Kâmasûtra: com diferentes linguagens e diferentes imagens, todos apontam para a necessidade de procurar os significados do humano em sua carnalidade. E esta ênfase em nenhum lugar se encontra tão aguçada quanto na teologia cristã.

Como um eco distante dos vagabundos de *À Espera de Godot* de Beckett, esta curta e incisiva história oferece uma experiência metafísica, a da gratuidade da existência, oscilando entre o absurdo e a graça. E se não houvesse espetáculo? Se, por uma vez, depois da cortina vermelha subir, o público se confrontasse com um palco vazio, sem cenário ou réplica? Isto é o que Pol Bouchard nos convida a fazer, um palhaço por direito próprio, que aqui se torna um guia do nada, comentador do silêncio, agarrado pelo enredo pelo simples fato de lá estar... Como se o mero ato de presença fosse o suficiente para nos fazer entrar dentro de uma aventura mais viva que os cinco atos do teatro clássico. Mas seu convite logo se transforma em parasitismo. Aquele que cantava sobre o espaço vazio começa a preenchê-lo de mobílias o mais possível. Aquilo que há pouco admirava e queria partilhar, subitamente o atira para a angústia e ele tenta descarregá-lo sobre vocês. Aquele que se esquiva do entretenimento não fica impune por muito tempo. A sua alegria de viver é devorada pela fatalidade de ter de morrer. Este texto denso e incisivo convida-nos a tomar consciência da gratuidade da existência e a apreciar a sua profundidade, entre o absurdo e o gracioso.

facebook.com/erealizacoeseditora
twitter.com/erealizacoes
instagram.com/erealizacoes
youtube.com/editorae
issuu.com/editora_e
erealizacoes.com.br
atendimento@erealizacoes.com.br